北京商务发展报告

（2017）

北京市商务委员会 编

中国商业出版社

图书在版编目（CIP）数据

北京商务发展报告．（2017）／北京市商务委员会编．
—北京：中国商业出版社，2018.2

ISBN 978-7-5208-0147-8

Ⅰ．①北… Ⅱ．①北… Ⅲ．①商业经济－经济发展－研究报告－北京－2017 Ⅳ．① F727.1

中国版本图书馆 CIP 数据核字（2017）第 326807 号

责任编辑：刘万庆

北京商务发展报告（2017）

BEIJING COMMERCIAL DEVELOPMENT REPORT (2017)

北京市商务委员会　编

出　　版：	中国商业出版社
发　　行：	中国商业出版社
经　　销：	新华书店经销
社　　址：	北京市西城区报国寺 1 号
邮　　编：	100053
电　　话：	010-63180647
网　　址：	www.c-cbook.com
照　　排：	北京华艺创世印刷设计有限公司
印　　刷：	北京朝阳印刷厂有限责任公司
开　　本：	889×1194　1/16
印　　张：	9.5　　字　　数：150 千字
版　　次：	2018 年 3 月第 1 版　2018 年 3 月第 1 次印刷
定　　价：	78.00 元

版权所有　翻印必究

目 录

主报告

第一章 北京商务发展总况 ·· 3
　一、北京商务发展概述 ·· 3
　二、北京商务发展基础体系 ·· 13
　三、北京商务发展运行特色 ·· 16
　四、北京商务发展动力分析 ·· 22
　五、北京商务发展质量分析 ·· 27

分报告

第二章 商务领域京津冀协同发展和非首都功能疏解 ···················· 33
　一、商务领域京津冀协同发展成果概述 ··································· 33
　二、商务领域非首都功能疏解面临的挑战 ································ 37
　三、促进商务领域京津冀协同发展，深化非首都功能疏解的对策 ······ 40

第三章 北京服务业扩大开放综合试点发展报告 ········· 44
    一、北京服务业扩大开放综合试点的内容及特征 ········· 44
    二、北京服务业扩大开放综合试点成果概述 ········· 45
    三、北京服务业扩大开放综合试点经验总结 ········· 47
    四、深化北京服务业扩大开放综合试点工作的对策 ········· 50

第四章 北京生活性服务业发展报告 ········· 54
    一、生活性服务业发展的主要成效及措施 ········· 54
    二、生活性服务业发展面临的机遇和挑战 ········· 61
    三、推进生活性服务业发展的对策 ········· 63

第五章 北京商贸流通服务业发展报告 ········· 67
    一、商贸流通服务业发展概况 ········· 67
    二、商贸流通服务业存在问题及原因 ········· 70
    三、商贸流通服务业发展环境分析 ········· 71
    四、商贸流通服务业发展对策 ········· 73

第六章 北京电子商务发展报告 ········· 78
    一、电子商务发展概况 ········· 78
    二、电子商务发展主要特点 ········· 80
    三、促进电子商务发展对策 ········· 82

第七章 北京总部经济发展报告 ········· 85
    一、总部经济发展概况 ········· 85
    二、总部经济发展环境 ········· 87
    三、总部经济发展对策 ········· 93

第八章　北京地区对外贸易发展报告 ·············· 97
一、货物贸易发展概况 ·············· 97
二、货物贸易发展趋势与对策 ·············· 104
三、服务贸易发展概况 ·············· 107
四、服务贸易发展趋势与对策 ·············· 113

第九章　北京双向投资发展报告 ·············· 117
一、利用外资概况 ·············· 117
二、对外经济合作概况 ·············· 124
三、双向投资发展面临的国内外形势 ·············· 127
四、双向投资发展对策 ·············· 130

第十章　北京商务领域供给侧结构性改革发展报告 ·············· 135
一、商务领域供给侧结构性改革成果 ·············· 136
二、商务领域供给侧结构性改革存在的问题 ·············· 139
三、推进商务领域供给侧结构性改革的发展对策 ·············· 141

主 报 告

第一章　北京商务发展总况

一、北京商务发展概述

（一）消费市场均衡发展

1. 社会消费品零售总额持续增长

2016年，北京市实现总消费2万亿元，同比增长8.1%，其中社会消费品零售总额11005.1亿元，同比增长6.5%，较2015年增长有所收紧，但总体呈现出持续增长的态势。

按商品用途分，吃、穿、用和烧类商品分别实现零售额2296.7亿元、781.5亿元、7424.1亿元和502.8亿元，同比增长5.4%、2.1%、7.4%和4.4%。其中，吃类商品零售额增速与2015年基本持平，所占零售总额比重略有上升；用类商品零售额增速与所占比重较2015年均有所下降，但依然是社会消费品零售总额增长的核心动力；穿类与烧类商品零售额增速出现显著提升，所占比重与2015年基本持平。按地区分，城镇实现商品零售总额10776.1亿元，同比增长6.4%，增速较2015年有所回落；农村实现229.0亿元，同比增长8.7%，增速较2015年出现显著提升；城镇实现商品零售总额依然占据零售总额的九成以上。按消费形态分，商品零售额实现10086.9亿元，同比增长6.7%；餐饮收入实现918.2亿元，同比增长4.0%，所占比重与2015年基本持平。

表1-1　2015-2016年北京市社会消费品零售额构成统计表

单位：亿元，%

项　目	2016		2015		同比
	数　额	比　重	数　额	比　重	
社会消费品零售总额	11005.1	100.0	10338.0	100.0	6.5

北京商务发展报告(2017)

续表

项目	2016 数额	2016 比重	2015 数额	2015 比重	同比
按商品类别分					
吃类商品	2296.7	20.9	1967.3	19.0	5.4
穿类商品	781.5	7.1	742.8	7.2	2.1
用类商品	7424.1	67.5	7156.3	69.2	7.4
烧类商品	502.8	4.6	471.6	4.6	4.4
按地区分					
城镇	10776.1	97.9	10162.8	98.3	6.4
农村	229.0	2.1	175.2	1.7	8.7
按消费形态分					
商品零售	10086.9	91.7	9491.2	91.8	6.7
餐饮收入	918.2	8.3	846.8	8.2	4.0

数据来源：北京市统计局

数据来源：北京市统计局

图1-1 2012—2016年北京市社会消费品零售额

2. 批发和零售业商品购销逐步回升

2016年,北京市批发和零售业商品购销总额实现118087.1亿元,同比上涨0.6%,增长率较2015年增长了8个百分点,实现了由负增长向正增长的转变。商品购进额实现56349.7亿元,同比下降0.5%,增长率与2015年相比出现了显著回升,市内购进、市外购进、进口水平与上一年基本持平。商品销售额实现61737.4亿元,同比上升1.7%,增长率较2015年增长近10个百分点,呈现出显著的上升态势。在市内批发保持稳定增长、市外批发出现大幅度回暖的拉动下,2015年批发额下跌的状况得到逆转,实现51916.7亿元,同比增长0.7%;零售额实现9820.7亿元,同比增长7.2%。商品购销结构基本保持稳定,商品销售额占商品购销总额比重较2015年略微上升。

表1-2　2015-2016年北京市批发和零售业商品购进、销售、库存情况统计表

单位：亿元，%

项　目	2016 数　额	2016 比　重	2015 数　额	2015 比　重	同　比
商品购销总额	118087.1	100.0	117385.6	100.0	0.6
商品购进额	56349.7	47.7	56660.5	48.3	-0.5
市内购进	15649.8	13.3	15672.8	13.4	-0.1
市外购进	33237.4	28.1	33427.4	28.5	-0.6
进　口	7462.5	6.3	7560.3	6.4	-1.3
商品销售额	61737.4	52.3	60725.1	51.7	1.7
批发额	51916.7	44.0	51566.8	43.9	0.7
市内批发	16580.4	14.0	16272.6	13.9	1.9
市外批发	33316.0	28.2	32950.1	28.1	1.1
出　口	2020.3	1.7	2344.1	2.0	-13.8
零售额	9820.7	8.3	9158.3	7.8	7.2
期末商品库存额	5427.6	—	5458.5	—	-0.6

数据来源：北京市统计局

3. 部分商品销售呈现强势拉动力

2016年,北京市限额以上批发和零售业商品销售额为54866.6亿元,同比增长5.9%,增长率较2015年提升近20个百分点;批发额实现47157.2亿元,同比增长

北京商务发展报告(2017)

6.5%；零售额实现7709.4亿元，同比增长2.3%。从商品销售总体来看，粮油食品类、体育娱乐用品类、家用电器和音像器材类、通讯器材类等与生活服务密切相关的商品销售呈现出较快增长，对商品销售增长整体形成较高的贡献率和良好的拉动力。从批发业销售额看，日用品类、金银珠宝类、家具类等也体现出较强的增长态势，特别是家具类批发业销售额增长达56.5%，远超出2015年同期发展水平。从零售业销售额看，增长态势与批发业相比整体相对平缓，汽车类、建筑及装潢材料类、家具类等增长较快，为零售业销售整体提升提供了良好的拉动力。化工材料及制品类、机电产品及设备类、种子饲料类等工业、农业生产相关的商品销售则呈现一定程度的下降趋势。

表1-3 2016年北京市限额以上批发和零售业商品销售类值统计表

单位：亿元，%

项目	商品销售额		批发额		零售额	
	销售额	同比	销售额	同比	销售额	同比
合 计	54866.6	5.9	47157.2	6.5	7709.4	2.3
粮油、食品类	2530.7	13.4	1932.7	17.9	598.0	1.0
饮料类	440.4	−3.5	374.6	−2.0	65.7	−11.2
烟酒类	1045.5	1.5	903.2	0.3	142.3	9.8
服装鞋帽、针、纺织品类	1097.1	−3.3	468.6	−6.9	628.5	−0.5
化妆品类	303.8	8.8	126.6	16.6	177.2	3.8
金银珠宝类	1262.0	2.2	1024.9	12.3	237.2	−26.4
日用品类	949.2	7.5	549.5	14.2	399.7	−0.6
五金、电料类	112.3	−0.1	100.1	0.0	12.2	−0.9
体育、娱乐用品类	746.1	20.8	638.8	22.7	107.3	10.3
书报、杂志类	205.2	5.7	118.6	6.8	86.6	4.3
电子出版物及音像制品类	48.8	−8.4	21.8	−18.9	27.0	2.4
家用电器和音像器材类	2004.0	14.1	1547.9	15.2	456.1	10.7
中西药品类	1919.7	5.9	1498.0	5.4	421.7	7.9
文化、办公用品类	2986.0	13.2	2441.0	16.6	545.1	0.1
家具类	132.2	30.3	21.8	56.5	110.5	26.3
通讯器材类	5545.2	9.4	4548.2	15.0	997.0	−10.6
煤炭及制品类	2620.3	23.4	2614.6	23.3	5.7	172.6

主 报 告

续表

项 目	商品销售额		批发额		零售额	
	销售额	同比	销售额	同比	销售额	同比
木材及制品类	326.9	9.4	326.9	9.4	—	—
石油及制品类	5573.3	8.0	5096.9	8.3	476.4	5.3
化工材料及制品类	5424.6	−2.7	5424.6	−2.7	—	—
金属材料类	6700.5	1.2	6700.5	1.2	—	—
建筑及装潢材料类	283.6	−13.3	255.4	−15.8	28.2	18.8
机电产品及设备类	2362.2	−2.5	2312.0	−2.6	50.2	2.2
汽车类	7892.7	7.7	5872.3	6.4	2020.3	11.7
种子饲料类	168.9	−11.4	168.9	−11.4	—	—
棉麻类	185.6	−12.4	185.6	−12.4	—	—
其他类	1999.6	2.7	1883.1	2.5	116.4	6.7

数据来源：北京市统计局

4. 物价水平保持稳定

2016年，北京居民消费价格指数为101.4，居民消费价格总水平同比上涨1.4%，涨幅较上年降低0.4个百分点。商品零售价格指数为98.1，即同比下降1.9%，降幅较上年增加0.4个百分点（如图1-2所示）。从长期来看，居民消费与商品零售价格水平均有所下调，但整体还处于平稳、合理的状态。

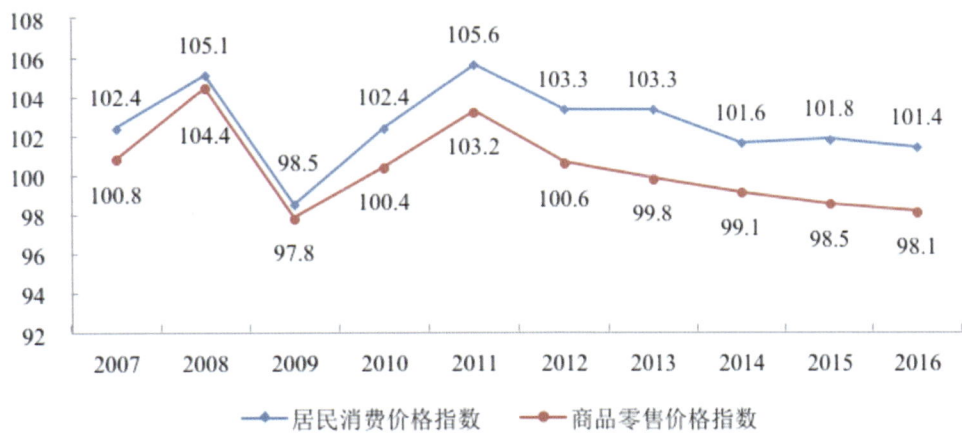

数据来源：北京市统计局

图1-2 2007—2016年北京市居民消费价格指数与商品零售价格指数

北京商务发展报告(2017)

在居民消费价格指数下,各分类指数均呈现出小幅度的上涨(见表 1-4)。其中,食品价格水平上涨 3.3%,增长率较 2015 年提升 1.7 个百分点;非食品价格水平上涨 1.0%,服务项目价格水平上涨 2.7%,增长率较 2015 年有所回落;消费品价格水平上涨 0.5%,增长率基本与 2015 年持平。在商品零售价格指数下,纺织品、家用电器及音像器材、文化办公用品等六类商品零售价格水平呈现下跌趋势,且跌幅较 2015 年有所加大;食物、金银珠宝、化妆品、中西药品及医疗保健用品商品零售价格水平呈现出较为明显的上涨趋势。总体而言,各分类指数变动幅度虽有所扩大,但整体变化仍处于合理的波动区间。

表 1-4 2015-2016 年北京市居民消费价格与商品零售价格分类指数统计表

(上一年=100)

	2016	2015
居民消费价格指数	101.4	101.8
食品价格指数	103.3	101.6
非食品价格指数	101.0	101.9
服务项目价格指数	102.7	104.2
消费品价格指数	100.5	100.3
商品零售价格指数	98.1	98.5
食 品	103.2	101.6
饮料、烟酒	100.8	102.2
服装、鞋帽	100.2	103.6
纺织品	95.5	97.3
家用电器及音像器材	94.0	96.2
文化办公用品	95.1	98.3
日用品	99.1	99.1
体育娱乐用品	100.5	99.8
交通、通信用品	90.9	96.1
家 具	101.3	101.7
化妆品	103.4	99.9
金银珠宝	111.2	91.6

续表

	2016	2015
中西药品及医疗保健用品	104.0	101.6
书报杂志及电子出版物	101.3	102.6
燃　料	96.7	85.7
建筑材料及五金电料	101.0	99.3

数据来源：北京市统计局

5. 消费者信心温和波动

2016年，北京市消费者信心指数较2015年出现了一定的下行波动，于第一、二季度出现了明显的下调，并于第三、四季度逐渐回升（如图1-3所示）。截至2016年底，消费者信心指数为106.8；消费者满意指数为109.5，其中就业状况满意指数、家庭收入状况满意指数、耐用消费品购买时机满意指数分别为121.6、100.2、106.7；消费者预期指数为105.0，其中就业状况预期指数、家庭收入状况预期指数分别为109.4、100.6。总体而言，消费者信心状况呈现温和波动的态势，年末消费者信心指数状况基本与2015年持平。

数据来源：北京市统计局

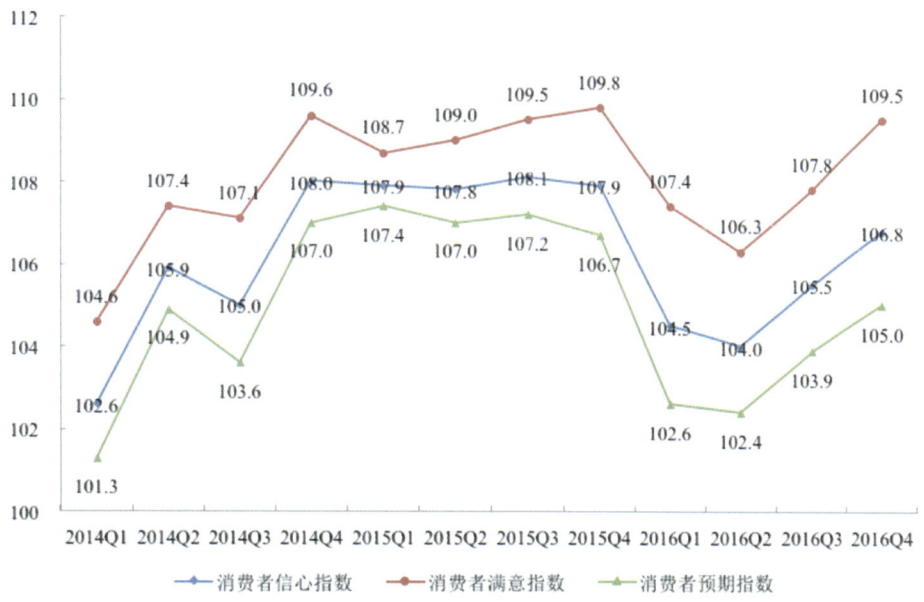

图1-3　2014-2016年北京市消费者信心指数

(二) 国际贸易结构持续优化

1. 货物贸易出口稳定增长

2016年，北京地区货物贸易进出口总额1.86万亿元，其中出口3418.1亿元，同比增长0.7%，增幅高于全国平均水平2.7个百分点；出口占全国份额2.5%，高出2015年0.1个百分点，货物贸易出口实现规模、占全国份额双增长。"双自主"企业出口占北京地区出口总额比重18.3%，较2015年提高2.3个百分点。货物贸易进口15207.1亿元，下降7.5%。

主要进出口商品量增价跌。成品油、汽车出口数量分别增长100.4%和15%，但出口价格分别下跌23.1%和19%。原油、铁矿砂、成品油、未锻轧铜及铜材、集成电路进口数量分别增长3.4%、12.4%、0.6%、22.2%和16.2%，但进口价格分别下跌24.3%、5.8%、21.6%、14.6%和16.8%。

2. 出口结构持续优化

2016年，北京地区一般贸易出口267.5亿美元，占全市出口总额51.7%；"双自主"企业出口94.9亿美元，占比达18.3%，比上年提高2.3个百分点。对"一带一路"沿线国家双边贸易额达872.8亿美元，占北京地区进出口总额的31%，与2015年持平。其中，出口额达175.4亿美元，同比增长1%，占出口总额的33.8%，比上年提高2个百分点。2016年，中央企业进出口同比增长3.6%，占进出口总额61.8%，比2015年提高0.5个百分点。其中，进口占比64.3%，出口占比50.4%，中央企业出口占比首次超过地方企业。

3. 服务贸易高速增长

2016年，北京地区实现服务贸易进出口额1508.6亿美元，同比增长15.8%。其中，出口额532.1亿美元，同比增长8.4%；进口额976.5亿美元，同比增长20.2%；进出口约占全国服务贸易进出口总额的18.8%，继续保持全国领先地位。服务进出口排名前三位的领域分别是旅行、运输和电信、计算机和信息，三大领域共占全市服务贸易进出口总额的72.1%。新兴服务领域全国优势明显，其中电信、保险、法律、金融等新兴领域服务进出口分别占全国同类服务进出口的70.4%、62.4%、45.8%和40.3%。

北京地区离岸服务外包合同执行金额达49.05亿美元，同比增长9.04%。其中，信息技术外包、业务流程外包和知识流程外包的执行金额分别为30.85亿美元、9.07

亿美元和 9.13 亿美元，占离岸服务外包执行总额的比重分别为 62.9%、18.5% 和 18.6%。发包额居前 5 位的国家为美国、爱尔兰、德国、瑞典与荷兰。

4. 技术与文化贸易协调发展

2016 年，北京地区文化贸易进出口总额达 46.9 亿美元，同比增长 9.5%，其中进口 27.5 亿美元，同比增长 1.9%；出口 19.4 亿美元，同比增长 22.4%。核心文化服务进出口 27 亿美元，同比增长 17.1%。其中，进口 13.8 亿美元，同比增长 18%；出口 13.2 亿美元，同比增长 16.2%。核心文化产品进出口总额 20 亿美元，同比增长 0.6%。其中，进口 13.7 亿美元，同比下降 10.4%；出口 6.2 亿美元，同比增长 38.1%。

技术贸易规模较 2015 年出现一定程度的下调。2016 年，北京地区技术贸易合同登记 1299 项，合同金额 80.1 亿美元，同比下降 24.5%。其中技术进口合同金额 21.6 亿美元，同比下降 18.3%；技术出口合同金额 58.5 亿美元，同比下降 26.6%。技术进口以专有技术进口为主，进口行业主要为制造业，主要进口国家和地区为韩国、美国和德国。技术出口以技术咨询、技术服务及计算机软件的出口为主，出口行业主要为制造业及信息传输、计算机服务和软件业，主要出口国家和地区为中国香港。

（三）国际双向投资发展升级

1. 引资规模实现长期增长

2016 年，北京市新设外商投资企业 1073 家，实际吸收外资首次突破 130 亿美元，达到 130.3 亿美元，同比增长 0.3%，实现连续 15 年增长，占全国份额由上年的 10% 上升至 10.3%。其中，批发和零售业引资占比 44.9%，科学研究、技术服务和地质勘查业引资占比 12.1%，租赁和商务服务业引资占比 9.2%，信息传输、计算机服务和软件业引资占比 8.7%。截至 2016 年底，北京市累计批准外商投资企业 40864 家，累计实际利用外商直接投资 1135 亿美元。

2. 服务业重点领域引资取得突破

2016 年，服务业新引进外资项目 1042 个，入资达 123.2 亿美元，分别占全市新引进项目数、实际外资的 97.1%、94.6%。其中，服务业扩大开放六大重点领域新引进外资项目 827 个，占全市新引进项目数的 77.1%。科学技术、互联网和信息、商务和旅游以及文化教育等重点领域引资快速增长，实际外资分别增长 59.3%、

130%、89.8%和97.9%。生活性服务业新设外资企业106家，增长27.7%，其中餐饮业新设外资企业19家，实际入资增长4.5倍；零售业新设外资企业8家，实际入资增长1.4倍；文体娱乐业新设外资企业65家，实际入资增长98.9%。

3. 引资项目呈现多元化增长

2016年，北京市124个千万美元以上大项目引资共计119.3亿美元，占全市实际外资的91.6%。新增外资总部企业12家，累计达280家。新增外资研发机构16家，累计达548家。新增世界500强企业投资项目6个，累计有287家世界500强企业在京投资724个项目。

以央企并购方式引入外资59.7亿美元，占全市实际外资的45.8%。北京市810家存量企业增资达136.2亿美元，占全市合同外资61.7%。以跨境人民币方式投资企业75家，投资额62.5亿元人民币，增长33.6%，占全市实际外资的7.8%。

实际利用外资排名前十位的国家和地区投资127.3亿美元，占全市实际外资的97.7%，其中韩国、新加坡、美国和德国增幅分别为3.6倍、2.3倍、1.8倍和1.7倍。欧盟28国在京投资增长1.2倍，东盟10国在京投资增长2.3倍，"一带一路"国家和地区在京投资增长2.3倍。外资来自140多个国家和地区，其中香港、日本、英属维尔京群岛、德国等10个国家和地区的企业数和实际外资分别占全市的79.6%和90.8%。

4. 对外投资规模迅速扩张

2016年，北京市境内主体对全球58个国家和地区的529家企业进行了非金融类直接投资，累计投资额155.1亿美元，同比增长62.3%。境外投资质量和效益不断提高，北京市企业赴境外寻求新技术、新产品、新理念合作的意愿日趋强烈，科技、信息、制造领域境外投资快速发展；区域集聚效应持续积淀，投资主要集中于亚洲，对拉丁美洲和非洲等欠发达地区投资稳步增长；海外并购进军全球产业价值链"高精尖"领域步伐加快，技术、服务、品牌"走出去"发展迅猛；对"一带一路"沿线国家投资平稳增长，投资主要集中于商务服务业、制造业和建筑业等行业，印度、新加坡、柬埔寨位列沿线国家前三位。

5. 对外承包工程业务稳健发展

2016年，北京市对外承包工程新签合同额51.42亿美元，同比增长10.8%；完成营业额24.96亿美元，同比下降29.7%。对外承包工程业务涉及8个行业，其中完成营业额前三位分别是房屋建设类、交通运输建设类、水利建设类。承包商业务水平较高，北京市 4 家承包商入围 2016 年度 ENR(《工程新闻记录》) 全球最大 250 家国际承包商排名。2016 年，北京市全年外派各类劳务人员 7898 人，截至期末在外劳务人员 20436 人，实现劳务收入 1.05 亿美元。

二、北京商务发展基础体系

（一）城乡便民商业体系

1. 便民商业网点连锁化与覆盖率进一步提升

2016 年，北京市共新建或规范提升蔬菜零售、便利店（超市）等各类便民商业网点 1700 个，提前超额完成全年 1500 个目标任务；城六区基本实现 8 项基本便民服务社区全覆盖。全市基本便民商业网点连锁化率达到 29.5%，较上年底提高 5.2 个百分点，城六区达到 35%，较上年底提高 5.7 个百分点。全市涌现出了一批在国内外具有较高知名度的生活性服务业品牌企业，市场秩序进一步规范。市政府绩效办委托第三方机构开展的服务对象满意度调查显示：生活性服务业品质提升工作满意度达到 97.5 分，且均为正面评价。

便民早餐工程取得进一步成效。北京市在通州、顺义和昌平区组织开展早餐工程，采取早餐固定门店为主、便利店搭载早餐服务为辅的模式，支持新建或改造便民早餐网点 86 个（其中通州 43 个，昌平 25 个，顺义 18 个），主食加工配送中心 4 个（其中顺义 2 个，通州和昌平各 1 个）。

2. 便民商业服务规范化取得新进展

2016 年，市商务委实施了《生活性服务业行业规范制修订及标准规范宣贯活动项目实施方案》，指导相关行业协会完成蔬菜零售、餐饮（早餐）、便利店（超市）、家政服务、洗染、沐浴、美容美发、摄影、家电维修、再生资源回收、社区商业便民服务综合体等 11 个行业（业态）的 24 个规范的制修订工作并汇编成册，使上述行业（业态）在企业开业、经营管理、岗位服务等方面均有明确的标准或规范，在全国率先初步建立了上述 11 个行业（业态）的标准规范体系。11 个行业（业态）共汇编成 11 册，收录推荐使用的 236 个标准规范。

制定并实施了《关于 2016 年度支持新建或规范便民商业网点项目的实施方案》，

细化便民商业网点规范化建设制度与方案。首次发布《北京生活性服务业品牌连锁企业资源库》，第一批确定了173家企业，涉及蔬菜零售、便利店、家政等14个行业（业态），约占北京市生活性服务业网点总数的10%。

3. 便民服务水平进一步提升

2016年，北京城市物流配送网络进一步完善，城市共同配送网络建设稳步推进，城市物流末端配送网点布局实现优化。新建或规范末端配送网点173个，累计超过400个；智能快件箱约150组，累计达350组。生活性服务业岗位技能培训持续开展，人员服务水平获得明显提升。累积18948人报名参加培训，18652人实际参加了培训，支持验收合格人员17000人（其中家政服务行业15078人、美容美发行业1244人、家电维修行业468人、洗染行业210人）。再生资源回收管理有效推进。北京市商务主管部门共检查正规回收站点2401个，规范整改回收站点数243个，配合有关部门清理无照经营废品回收点240个。

（二）农产品流通体系

1. 农产品流通建设项目取得成效

2016年，"菜篮子"双核保障项目实现快速推进，北京鲜活农产品流通中心项目建设顺利进行。截至年底，鲜活农产品流通中心项目完成土方施工和50%的地下结构工程建设。京津冀商务协同发展对农产品流通发展开始产生显著效果，"环首都1小时鲜活农产品流通圈"布局规划获得显著成效，农产品流通企业开始在津冀建设生产基地，连锁商贸企业在津冀新开门店52家。

2. 蔬菜零售网点实现规范化建设

2016年，北京深入推进规范化、连锁化蔬菜零售网点建设。按照《北京市提高生活性服务业品质行动计划》安排，制定了社区菜市场、生鲜超市、超市搭载售菜、社区菜店、蔬菜直通车等蔬菜零售终端的行业规范，组织各区推进社区菜市场、连锁社区菜店、连锁生鲜超市等规范化、连锁化蔬菜零售网点建设。截至年底，共完成新建和规范提升规范化蔬菜零售网点415个。

3. 农产品产销合作纵深发展

2016年，北京大型超市企业与京郊和外埠骨干合作社进行对接，确保农产品销售顺畅、市场供应稳定。潍坊名优农产品食品采购对接会在北京举行，潍坊市150多家企业的350多个品种的优质农产品参展，北京市70余家大型超市、农产品流通企业、餐饮企业和涉农电商平台企业参加了对接活动。北京市20多家超市参加了第20届中国（廊坊）农交会，与多家河北省名优农产品企业达成意向交易近2000万元，相关电商企业则与河北省生产企业、电商平台达成深度合作意向。

4. 产业发展基金管理持续完善

2016年，市商务委与市财政局共同印发《北京市农产品流通产业发展基金管理办法》，以完善农产品流通产业发展基金管理制度，加快基金项目投资。截至年底，产业发展基金完成对北京鲜活农产品流通中心、北京星东万家商贸有限公司的项目投资，对新发地批发市场、新发地生鲜网等多个项目履行投资前期手续。

（三）市场供应保障调控体系

1. 生活必需品供应保障保持稳定

2016年，北京市粮油、肉蛋、蔬菜等主要生活必需品货源充足，储备到位，市场运行总体平稳。生活必需品市场监测情况良好，供需预测较为准确，极端天气下生鲜必需品市场供应监测获得强化。农产品产销合作有效保障货源供应，在第六届冬季蔬菜保供联合行动中，累计增加供应总量约17.3万吨，保障了春节和全国"两会"期间蔬菜市场供应稳定；生活必需品保供骨干企业参加供京农产品主产地举办的产销对接会15场次，进一步扩大产销合作。政府储备监管不断完善，完成了2017-2019年度政府储备冻猪肉公开招标，重新确定了5家承储企业；生活必需品政府储备检查与市场调控作用显著，确保政府储备商品的数量与质量。

2. 成品油市场管理持续优化

2016年，市商务委共完成成品油审批业务和经营资格年检工作1100余件，报送监测报告62期。审批流程获得进一步优化，审批时限缩短为10个工作日。《清洁空气行动计划》得以落实，柴油车用尿素供应保障和京Ⅵ标准车用燃油前期准备工作顺利进行。截至年底，北京市近600座加油站供应柴油车用尿素，全年销售车用尿素近1100吨，满足市场需求。成品油经营和安全检查继续加强，共检查企业190余家，出动检查人员530余人次。

3. 肉菜流通追溯建设取得进展

2016年，北京制定《北京市加快推进重要产品追溯体系建设实施方案》，指导进行肉菜流通追溯体系建设，扩大追溯覆盖范围。7家屠宰企业分割猪肉、2家批发市场外埠猪肉纳入追溯体系，猪肉追溯节点数达到1241个；6家连锁超市323个超市门店、11家蔬菜预包装企业、4家蔬菜直营直供企业440个菜店（直销车）纳入追溯体系，蔬菜追溯节点数达到796个。移动终端查询系统引入肉菜流通追溯系统，通过"北京E追溯"手机APP和微信公众号、现场查询机录入追溯码或扫描二维码（条形码）以及登录北京市肉菜追溯服务平台，实现多方式追溯查询。

4. 重要会议和重大活动供应服务保障顺利进行

2016年，全国"两会"、北京市"两会"、党的十八届六中全会等15项重要会议供应服务保障顺利进行。市商务委组建服务北京冬奥会赛会工作组，编制完成北京冬奥会餐饮业务口基础规划（GFP）和总体计划（MS），明确餐饮业务口职责范围，提出战略构想和服务需求，确定了37项里程碑式任务。

5. 盐业体制改革逐步推进

2016年，按照国务院《关于印发盐业体制改革方案的通知》（国发〔2016〕25号）要求，北京制定《北京市盐业体制改革实施方案》，加强食盐市场监管，开展打击制贩假盐专项治理，确保改革过渡期食盐市场平稳有序。符合规定的外埠食盐企业进京销售食盐信息备案工作顺利开展，截至年底，共有78家企业备案，涉及17个省市自治区。

三、北京商务发展运行特色

（一）促进消费拉动经济增长

2016年，面对年初消费市场低开的不利局面，市商务委围绕"绿色消费、品质消费、时尚消费"三大主题，认真开展各项促销活动，扎实推进消费领域供给结构性改革，保持了首都消费市场平稳增长，发挥了消费促进北京经济增长的基础性作用。

1. 消费导向的政策体系继续完善

2016年，北京市先后出台了七个方面十八条促进消费的政策措施，以提升生活服务业品质、促进消费增长为目标，进一步激发消费市场内生动力；落实鼓励传统商业连锁企业促消费政策，支持企业主动而为提供有效供给；继续实施节能减排政策，扩充节能减排商品范围，进一步减少二氧化碳排放，节约水资源；推动离境退税政策实施，实现离境退税商店多种业态、16区全覆盖；制定跨境电子商务支持政策，拓宽国际市场的进入路径，促进多边资源的优化配置。积极的消费政策提升了消费规模，增强了品质消费、绿色消费，确保了消费对经济发展的基础性作用。

2. 消费环境持续改善

居民消费购物环境得到进一步优化。继2015年早餐工程等一系列餐饮政策措施后，2016年在全国率先初步建立起餐饮业的标准规范体系，进一步促进首都餐饮业品质提升；推出了全市第二批优质服务商店，继续整顿规范市场秩序，推进商务诚信和商业环境进一步优化。统筹推进打击假冒侵权工作，牵头京津冀三头11个部门联合开展区域执法活动。全市侵权假冒行为共立案4773件；办结案件4207件，捣毁制售假冒伪劣产品窝点113个；继续推进信息公开和"两法衔接"，完成省级首个制售假冒伪劣商品和侵犯知识产权行政处罚案件信息公开三级清单，行政执法机关向公安机关移送涉嫌犯罪案件59件；积极开展宣传共治工作，通过北京市打击侵权假冒工作网等渠道发布信息1240条。

3. 利用主题消费培育消费新热点，促进消费转型

2016年，北京市继续以民生服务消费为重点，紧紧围绕三大消费主题，开展系列主题消费活动，发挥了消费促进经济增长的积极作用。

围绕"绿色消费、时尚消费、品质消费"三大主题开展促消费活动共11项，既有新能源汽车促销节、暑期节能产品促销节等活动引导绿色消费理念，又有北京城里过大年、北京拍卖季等时尚消费内容，还有商业服务业服务技能大赛、国际美食汇等提升生活性服务业品质的促销活动，同时依托报纸、电视等宣传媒介进行消费活动宣传，丰富活跃首都消费市场，营造良好的消费氛围，拉动消费增长。

（二）内贸流通现代化步伐加快

1. 电子商务成为首都经济增长新引擎

电商企业集群发展，已形成龙头电商和骨干电商稳定增长，中小电商特色化、

专业化快速发展的集群格局。截至2016年底，北京市开展网上零售的限额以上批发零售企业共有381家，比2015年新增33家。网上零售额亿元以上企业共76家，比2015年新增27家，其中百亿以上的4家、十亿至百亿的11家、一亿至十亿的61家。

电子商务平台蓬勃发展。北京市规模以上法人单位所属电子商务交易平台共有449个，全年实现交易额合计2.95万亿元，同比增长4.8%。年交易额上亿元的电子商务平台有166个，其中中国民航客票计算分销平台、国家电网公司电子商务平台、宝马中国等9个平台年交易额在1000亿元以上；联想电子商务、苹果官网、百度糯米网、汽车之家等22个平台年交易额在100-1000亿元之间；中煤商务、优酷、乐视商城、去哪儿网、大麦网等46个平台年交易额在10-100亿元之间；国旅在线、新东方、管家帮等89个平台年交易额在1-10亿元之间。

网上零售增速回落，但仍保持较高增速。2016年，北京市实现网上零售额2049亿元，同比增长20%；占全市社会消费品零售额的比重达到18.6%；对社会消费品零售额的贡献率为50.9%，拉动社会消费品零售额增长3.3个百分点。与此同时，随着电子商务的健康持续发展，网上零售增速逐渐回落，增速由2011年的150%，到2012年的99.8%、2013年的44.3%、2014年的69.7%及2015年的40.2%。

服务支撑体系完善。北京市共有8家电子认证服务机构，57家第三方支付机构，其中跨境电子商务第三方支付试点机构10家，数量均居全国首位。市商务委会同工商部门开通了12315消费纠纷快速解决绿色通道，成立了北京电子商务诚信联盟，电商诚信体系逐步完善。推广城市末端物流共同配送，全市末端配送网点超400个、智能快件箱350组。跨境电商海外仓加快布局，国际物流体系不断完善，全市跨境电商企业在全球建设海外仓61个。

2. 多措并举，促进老字号传承创新

北京老字号非物质文化遗产得到进一步保护和宣传，市商务委指导老字号协会开展非物质文化遗产日活动，丰富非遗保护内容，提升活动效果；在"北京风味小吃"传统技艺获评北京市非遗的基础上，支持协会继续申报国家级非物质文化遗产；组织老字号企业参与渝洽会、世界旅游经济论坛等展会论坛，鼓励企业开拓国内外市场，扩大影响力；组织老字号在电商平台、本地生活服务平台开展活动，不断发挥老字号在传统文化和技艺传承、提高生活性服务业品质、促进消费等方面的积极作用；加强老字号知识产权等无形资产的保护，在京交会上举办"老字号品牌国际保护论坛"，对老字号企业国际化布局提供指导和帮助。2016年，老字号协会开展了非物质文化遗产日活动，丰富非遗保护内容，并且在2015年基础之上，继续

申报国家级非物质文化遗产。

老字号持续创新发展。在2015年搭建的互联网平台基础上，老字号继续在电商平台、本地生活服务平台开展活动，在2016年的主题活动中，点击量超6.5万次，引入订单2916个，订单金额160余万元。在京交会上举办了"老字号品牌国际保护论坛"，对老字号企业国际化布局起到了指导和帮助作用。

3. 物流业调整升级

继续开展物流标准化试点。2016年确定北京市物流标准化试点企业36家，带动社会资金5.5亿元。物流标准化企业货损率同比降低36.7%，车辆周转率同比提高24%，装卸工时效率同比提高15.6%，装卸搬运成本同比降低24.7%。京津冀三地130余家企业共同发起成立了国内首家跨区域物流标准化联盟。

落实清洁空气行动计划，稳步推进电动物流车示范运营。确定了5家电动物流车运营试点企业，全年推广纯电动物流车超过130辆。对四大物流基地叉车使用情况进行摸底调查，电动叉车使用率已达到30%。着力解决社区"最后一公里"配送难问题，截至12月新建或规范末端配送网点173个，累计超过400个，智能快件箱约150组，累计达350组。

4. 内贸流通秩序进一步改善

规范和整顿市场秩序，构建安全放心商业环境。第一，北京市大力推进商业零售企业诚信促销、明折明扣，提升了商业零售企业促销活动备案效率，加强了促销活动事中、事后监管；全市商务部门共出动检查人员1160多人次，检查商业企业223家，现场纠正不规范促销行为11件。第二，强化单用途商业预付卡监管，设立预付卡政策专栏，对全市163家预付卡备案企业进行信息公示，全年共审核预付卡备案材料、季度业务经营报表482份，全市商务部门共检查预付卡发卡企业506家次，责令整改36家，行政处罚5家。第三，继续维护零售商供应商公平交易，发改、公安、工商等部门沟通协作，通过12312举报投诉平台共接受咨询电话30余次，处理举报投诉6起，协调解决供应商货款32万元。

推进商务领域诚信建设，提升服务品质。第一，根据北京市企业信用体系建设推进办公室的统一部署，市商务委积极推进商务系统行政许可和行政处罚信息的归集和公示工作，2016年共归集3000余条信用信息，并积极配合市经信委推进全市信用联合惩戒机制建设，为商务诚信建设奠定基础。第二，推进诚信兴商宣传活动，引导商业企业诚信经营。组织开展2016年商业服务业服务技能大赛活动，持续提

北京商务发展报告(2017)

升首都生活性服务业品质和北京市商业企业员工队伍的整体服务水平和行业服务能力。第三，规范发展大宗商品交易市场。北京华商储备商品交易所和中国棉花交易市场通过对国家储备糖、储备肉、储备棉的收储和投放，成为国家宏观调控食糖、肉类和棉花市场的重要平台。

加强药品流通行业管理。北京市共有药品经营企业5707家，其中，批发企业255家；零售连锁企业78家，零售连锁门店1733家；单体零售门店3641家。全市90家药品流通直报企业实现销售总额1914.7亿元、主营业务收入1675.3亿元、主营业务利润176.3亿元，同比增长12.1%、16.4%和24.9%。

(三) 外贸发展环境优化

1. 跨境电子商务持续发展

跨境电商发展初具规模。随着消费供给侧改革的深入及居民消费结构的升级，全市跨境电子商务持续快速发展。全年跨境电商零售进口（从北京口岸进口）88.8万票，较2015年增长5.7倍，价值3.37亿元人民币，较2015年增长8.4倍；跨境电商零售出口全年实现8.4亿美元。

创新模式优化跨境电商发展环境。市商务委牵头制定《北京市进一步推进跨境电子商务发展的实施意见》（京政办发〔2017〕24号），会同北京海关、北京国检局制定《跨境电子商务监管工作关检合作方案》，提升了通关效率。

开展跨境电商消费体验季，组织20余家跨境电商企业入驻实体商家，开展体验式促销，吸引回拉境外消费。建设跨境O2O体验店，全市建成林德、聚优澳品、一指遥等15家示范店，扩大品质消费服务供给。

2. 政策优化推进外贸持续发展

加强政策集成。北京加大了对"双自主"、外贸综合服务、服务贸易、新兴支柱产业等外贸重点企业的支持力度，培育外贸龙头企业，并且配套外贸出口奖励政策，提高对"双自主"企业出口奖励标准。2016年出台了对部分企业投保短期出口信用保险下调20%保险费率、优先满足海外买方额度需求、优先理赔等一系列优惠措施。正式设立并启动运作外经贸发展引导基金。2016年，外经贸发展引导基金完成2笔投资，担保服务平台对出口拉动效应达到3倍。认定中关村软件园等27家北京市首批服务贸易示范基地，推出支持服务贸易企业投保短期出口信用险政策。落实"三互"，北京国际贸易"单一窗口"启动试运行，口岸通关环境进一步优化。北京口岸海关监管货物总量5870.8万吨，增长37.4%。

3. 外贸便利性显著提升

口岸信息化建设提速。全面启动北京电子口岸平台升级改造，"北京单一窗口"正式上线运行。中国电子检验检疫主干系统试点运行工作启动。报关无纸化率达到92.8%，报检无纸化率达到82%以上。

通关监管创新力度加大。2016年北京开展多式联运改革试点，继续推进自贸试验区海关监管创新制度复制推广工作，加快建设空港贸易便利示范区。继续推进跨境电商便利备案、便利申报、便利放行。

继续推进出入境物品安全质量追溯管理，强化全过程质量安全管理与风险控制，提升进出口产品质量。继平谷口岸免除查验费后，5月起朝阳口岸执行免除查验费，降低企业经营成本。

退税便利化举措更新。将重点"双自主"企业纳入出口退税一类企业管理；对非一类总部企业、在京央企出口高新和机电产品、成套设备等，给予出口退税优先支持；对进项手续不全的跨境电商零售出口货物、平台型企业出口等执行免征不退；四城区率先实行出口退税无纸化管理试点，开展网上办税结汇标准化流程缩短。进出口企业人民币融资备案流程得到缩短，通过跨国企业集团人民币集中收付业务，基本实现境内外资金集中结算。

4. 口岸功能进一步完善

口岸体系整体运行良好。2016年，北京口岸运行良好，通关客货再创新高，海关监管进出口货物在京津冀通关一体化改革效应拉动下呈现高增长，达5870.8万吨，增长37.4%；出入境人员在内地居民拉动下稳定增长，达2430.6万人次，增长4.3%。首都国际机场旅客吞吐量达9439.4万人次，增长5%；进出境旅客达2425.2万人次，增长4.4%，占首都国际机场吞吐量的25.7%；72小时过境免签旅客2.6万人次，增长32.2%。北京西站铁路口岸全年运送出入境旅客5.4万人次，下降19.2%，其中外籍人员0.3万人次，下降19.3%。北京丰台货运口岸海关监管进出口货物1.6万吨，下降12.5%；北京朝阳口岸海关监管货物100.7万吨，增长7.4%；平谷国际陆港海关监管货物18.5万吨，下降2.7%。

口岸建设取得重大进展。通州口岸建设取得进一步进展，通州口岸项目分五期建设，全部建成共计64万平方米，具有通关通检、仓储、配送、保税、加工、展示、

北京商务发展报告(2017)

销售等多种功能，涵盖国际物流、区域物流及城市物流的"三流一体"的现代化、集约化、国际化的绿色创新型口岸区域经济区。目前已成功吸引阿里巴巴、菜鸟网络投资的百世集团及百胜餐饮重要供应商三惠供应链等众多企业入驻。平谷特色口岸功能进一步加强，2016年继续发挥进口肉类指定口岸作用，全年从天津港转到平谷口岸通关的进口肉类及肉类产品共计5413.96吨，保障了首都市场供应。

四、北京商务发展动力分析

（一）非首都功能疏解取得阶段性成果

1. 疏解清退步伐加快，重点地区成效显著

2016年北京疏解清退步伐加快，共疏解清退市场117个，拆除清退建筑面积160万平方米，清退商户2.8万户。疏解物流中心32个，腾退物流仓储面积34万平方米。加速向京外转移中低端服务外包业务，本市服务外包企业在津冀设立分支机构22家，15家重点企业在全国设立128个分支机构。重点地区成效显著。西城动物园地区12个批发市场累计完成疏解7个，朝阳雅宝路地区15个批发市场累计完成疏解6个，丰台大红门地区45个批发市场累计完成疏解33个。

2. 建立市场调整疏解工作机制

市商务委建立了与各区政府和区商务委之间的市场调整疏解工作机制。同时，建立了京津冀三地商务部门对接协作机制和联席会议制度，搭建了市场疏解转移承接合作交流平台，签署了包括市场疏解承接在内的项目合作备忘录。

3. 研究制定资金支持政策

市商务委配合市财政局等有关部门研究制定了《关于建立"疏功能控人口促发展"一般性转移支付引导政策的意见（试行）》，对各区完成疏解区域性市场安排一般性转移支付资金。

4. 研究制定河北省承接地批发市场建设工作方案

市商务委与河北省商务厅制定了《河北省承接地批发市场建设工作方案》，明确河北分类承接疏解转移的重点区域和重点市场项目。

5. 统筹做好市场疏解和便民服务工作

2016年,市商务委下发了《关于统筹做好市场疏解和便民服务保障工作的通知》,要求在坚决疏解非首都功能的区域性市场的同时,要按照"升级为导向、建关相结合"的原则区别对待农副产品市场,要以规范、改造、升级为主,不搞"一刀切"。

(二)京津冀商务合作深入发展

2016年初市商务委围绕《京津冀协同发展规划纲要》工作任务,结合京津冀工作实际,印发了《全市推进商务领域京津冀协同发展工作机制》、《2016年市商务委京津冀协同发展重要工作任务及分工表》,把各项工作分解、责任主体落实到位。

1. 产业链区域协同开放取得实质进展

贯彻落实北京与有关区域合作的要求和京津冀协同发展战略,创立"研产分离、注册地监管"异地许可与监管模式,目前北京医药生产企业在河北沧州北京医药产业园已获得首张异地生产许可,北京签约入驻该产业园的企业已达42家。组织京津冀协同发展河北开发区投资说明会,发布了河北省开发区重点经济技术合作项目180个,总投资近4000亿元,签约项目22个,总投资达245亿元。

2. 建立项目跨区域协同发展机制

2016年5月,在京召开京津冀商务部门第三次联席工作会议,会上三地共同签署了《商务领域京津冀协同发展对接协作机制》及2016年重点推动的26个一揽子商务合作项目备忘录,包括京冀项目14个,京津项目4个,津冀项目5个,京津冀项目3个,内容涵盖津冀承接北京的市场疏解、京津冀区域物流标准化、冷链物流基础设施建设、北京品牌连锁企业在津冀两地开店、建设生产基地和配送中心、再生资源回收等领域,总投资超过50亿元。

3. 劳动密集型服务外包向京外转移疏解稳步推进

为稳步推进"鼓励服务外包、健康养老等部分新兴服务业向北京之外有交通、环境、空间、劳动力等支撑条件的地区转移发展"等工作任务要求,2016年市商务委编制了《北京市服务外包产业重点发展领域指导目录》,加强产业发展指导和资金政策支持,有序引导服务外包企业中劳动密集型业态向津冀地区转移,共有21家北京服务外包企业在津冀设立分支机构,15家本土服务外包重点企业共在全国设立分支机构高达127个。

4. 推进京津冀农产品流通协同发展

2016年市商务委牵头联合津冀商务部门启动了《环首都1小时鲜活农产品流通圈规划》的编制工作，并顺利推进"环首都1小时鲜活农产品流通圈"布局规划。引导农产品流通企业在津冀建设生产基地，借助于推进京津冀协同发展和区域商务合作深入开展农产品产销对接，稳定市场供应和节日期间的物价。组织本市大型超市企业，与京郊和外埠骨干合作社进行对接，解决昌平苹果"卖难"问题和及时解决全市淡水活鱼市场销售波动问题。

贯彻落实京津冀协同发展战略，发挥三地比较优势，加快粮食产业对接。三省市粮食部门统筹搭建对接协作平台，健全政策研究、统筹协调、督促检查、信息报送、对接服务等工作机制，签订了粮油信息服务、粮油交易服务、粮食应急协同联动等合作协议，扩大了协同发展的深度和广度。黄骅港粮食产业园、黄骅港综合保税区电子商务与物流产业园等重点工程有序推进，天津油脂基地实现销售收入和利润大幅度增长。

5. 深化区域物流协同发展

积极推动区域物流协同发展，积极疏解区域性物流设施，2016年丰台、大兴、东城等区共腾退物流仓储面积34万平方米，疏解人口5600余人。

成立京津冀物流标准化联盟，继续开展物流标准化试点工作。2016年京津冀三地130余家企业共同发起成立了国内首家跨区域物流标准化联盟，北京市36家企业成为物流标准化试点企业，带动社会资金5.5亿元。物流标准化企业货损率同比降低36.7%，车辆周转率同比提高24%，装卸工时效率同比提高15.6%，装卸搬运成本同比降低24.7%。

6. 协同营造法制化营商环境

2016年北京市委会同津冀商务部门形成《京津冀打击侵权假冒区域协作共同指引》，推动跨区域执法协作等工作，全年共开展6次京津冀打击侵权假冒跨区域联合执法行动。2016年9月，三地联合出台了《京津冀商务举报投诉处理协作意见》，建立了京津冀商务举报投诉协同机制。

（三）重点改革成效明显

1. 服务业扩大开放综合试点成效显著。

2016年协调推动《北京市服务业扩大开放综合试点实施方案》3年期141项任

务完成80%。市商务委与市政府督查室共同成立专项督查组逐项推动试点任务落实，《实施方案》3年期141项任务已启动实施118项，实施率83.7%；已完成113项，完成率80.1%。

推出40项开放创新举措，形成10种全国首个新业态和8项全国首创体制机制创新举措。放宽市场准入，催生了国内首家外资控股的飞机维修合资公司、首家外资银行卡清算机构等10种新业态；创新体制机制，针对服务业和服务贸易发展的特点，形成了"双积分"信用管理、无形资产融资租赁等8项体制机制创新。

研究提出深化试点方案及新一轮扩大开放措施清单。2016年研究起草了《关于深化改革推进北京市服务业扩大开放综合试点的工作方案》及《拟向国家争取的新一轮服务业扩大开放措施清单》，并征求了57个政府部门和30个国家部委的意见，形成了10条开放措施和75项改革任务。

服务业扩大开放综合试点实施方案落地。启动朝阳、顺义2个示范区建设，示范区任务完成近6成。服务业扩大开放综合试点实施方案落地。朝阳区在文化创新、金融服务、中医药服务贸易等领域取得初步进展，年底前完成全部33项任务的60%；顺义区在航空、文化贸易、跨境电商等优势领域创新业态和模式，目前已完成全部38项任务的60%。

2. 生活性服务业品质持续提升

进一步落实《北京市提高生活性服务业品质行动计划》，全面推进便民网点建设、促进新型商业模式发展、探索服务功能集成、引导业态转型升级、深化开放合作、推动绿色发展等六项重点工作。2016年生活性服务业主要指标任务提前超额完成，新建或规范提升各类便民商业网点1700个，全市网点连锁化率提高5.2个百分点；制修订11个行业（业态）的24个规范，在全国率先初步建立11个行业（业态）的标准规范体系；开展岗位技能培训，带动行业培训10万人次；举办37万人次参与的商业服务业服务技能大赛；完成了总额10亿元的北京生活性服务业发展基金设立工作；东城、通州、房山、昌平等区社区商业便民服务综合体建设取得实效。

加快北京生活性服务业发展基金投资进度。自该基金设立以来，市商务委积极督促基金管理机构加快投资进度，优化运作流程，做好项目投资工作。截至2016年底，督促基金团队完成嘉乐会等项目共1.44亿元的投资决策，带动社会投资约13.6亿元。

3. 创新总部经济发展措施

服务创新，与主要央企集团总部建立对接机制。一是开展大规模集中走访央企工作。统筹协调由北京市领导、市政府副秘书长带队走访座谈调研97家（104家次）在京一级央企集团总部，与央企就"建立对接机制，搭建合作平台"、"深度融合、拓展合作，携手推进供给侧结构性改革"形成了共识；央企参与首都经济社会建设的愿望进一步增强；奠定了央地合作基础。二是开展了面向央企政策宣讲工作。组织60余家在京央企集团总部召开了政策宣讲会，实现了市级层面政策与央企的对接。三是起草了进一步加强和改进服务中央企业的在京发展的指导意见。

政策创新，首次向社会发布了新修订的总部经济奖励政策，进一步优化了总部经济发展环境。一是完成了鼓励总部经济发展政策修订并印发执行。共有119家总部企业和1家中介机构的247项奖励和补助申请获得支持。二是完成了第二版总部企业名单确认和发布。三是多方协调，为跨国公司地区总部跨区迁移畅通了渠道。四是强化创新驱动，引导总部经济功能区提质增效。通过项目支持，不断优化总部经济功能区发展环境，鼓励既有总部企增设研发中心、投资中心、财务中心等功能性机构，培育和打造一批科技创新型总部经济集聚区，助力首都科技创新中心建设。

制度创新，夯实总部经济发展基础。一是为引导总部经济功能区在京合理布局，实现差异化发展，起草《促进总部经济功能区发展的服务管理办法（试行）》和《总部经济公共服务平台建设项目要求》。同时，为突出重点、精准服务，起草了《重点总部企业遴选服务办法（试行）》。二是初步建立总部企业、总部经济集聚区（发展新区）监测分析制度。

平台创新，成功搭建总部经济合作交流平台，扩大北京总部经济影响力。一是在第四届京交会期间，首次组织北京总部经济国际高峰论坛并取得丰硕成果。北京总部企业协会与美国、加拿大经贸组织签订了合作意向，总部企业代表签署了跨界融合战略合作协议，发布了"总部企业北京共识"。二是成功举办北京总部企业家健步走活动。增进总部企业家交流，提升了总部企业的向心力和凝聚力。

渠道创新，加强与国际经济组织联系，提升总部经济服务水平。一是累计调研走访80余家总部企业、总部经济集聚区、中介机构、国际经济组织，健全总部企业重大项目投资发现机制。二是指导总部企业协会做好服务工作。截至2016年底，协会会员发展到100家，新增会员59家，完成了年初制定的工作目标。

4."放管服"改革深入推进

精简行政审批6项。落实国家外资准入负面清单管理制度，推出"外商投资企业商务工商审批备案事项结果互认的一体化"改革措施。对外资企业实施国内首创"双积分"信用管理。推动"双随机、一公开"，随机抽查事项占到72%。建立全国首个集成信保、担保、银行等资源的中小企业出口金融服务平台"政保贷"。搭建统一的"境外投资直通车"网上备案平台，实现境外投资网上"一口受理"。

五、北京商务发展质量分析

（一）总部经济优化发展

1. 总部企业贡献突出，地区总部数量增加

2016年，北京市总部企业数量较2015年增加70家，达到了4007家。总部企业资产占全市比重86.9%，实现营业收入占全市比重67.8%，实现利润占全市比重88.7%。总部企业实现一般公共预算收入占全市比重为36.4%。新认定跨国公司地区总部6家，累计认定达到161家，来自23个国家和地区，世界500强企业投资的地区总部达67家；引入国外非企业经济组织常驻代表机构4家，累计达到157家。

2. 总部企业"高精尖"特征凸显

2016年北京市外资总部、国家级高新技术总部、金融和信息等生产服务业总部数量占比较高，分别占全市总部企业总量的14%、20.6%和26.6%，第三产业占总部企业总量的74.6%。2016年，58家总部企业进入世界500强榜单，占中国入围企业比重超过五成（52.7%），比上一年增加6家，连续四年位居世界城市之首。北京市入围企业营业收入占世界500强比重14.2%，占中国入围世界500强比重63.1%，实现利润占世界500强比重15.3%，占中国入围世界500强企业比重65.4%。此外，有101家总部企业进入中国500强榜单，占中国企业500强企业总数两成多（20.2%），实现营业收入占比近一半（47%）。

3. 总部经济集聚"六高四新"功能区

北京市4007家总部企业中，"六高四新"功能区累计总部企业2169家，占全市总部企业比重54%。"六高"功能区共有总部企业2114家，占全市总部企业比重52.8%。"四新"功能区共有总部企业55家，占全市总部企业比重1.4%。

（二）外贸发展质量持续提高

1. 服务贸易持续高质量发展

北京服务贸易实现平稳增长，在知识密集型和新兴服务领域继续保持高速增长。2016年北京地区实现服务贸易进出口额达到1508.6亿美元，同比增长15.8%，

约占全国服务贸易进出口总额的18.8%，继续保持全国领先地位。其中，出口额532.1亿美元，同比增长8.4%，进口额976.5亿美元，同比增长20.2%。新兴服务领域优势明显，电信、保险、法律、金融等服务进出口分别占全国同类服务进出口的70.4%、62.4%、45.8%和40.3%。文化贸易增长迅速。2016年，北京地区文化贸易进出口总额达46.9亿美元，同比增长9.5%，其中进口27.5亿美元，同比增长1.9%；出口19.4亿美元，同比增长22.4%。

北京服务外包结构进一步优化，高端业务占比大幅提高。2016年，北京地区离岸服务外包合同执行金额达49.05亿美元，同比增长9.04%。其中，高端化水平进一步提高，代表高端业务的信息技术外包（30.85亿美元）、业务流程外包（9.07亿美元）和知识流程外包（9.13亿美元）执行金额占离岸服务外包执行总额的比重分别为62.9%、18.5%和18.6%。

2. 货物贸易出口结构优化，'一带一路'沿线国家出口增势良好

2016年，北京外贸工作呈现"主要进出口商品量增价跌、出口结构更加优化、对'一带一路'沿线国家出口超三成、民营企业进出口和进口均增长、央企进口和出口占比均提高"的特点。货物贸易出口形势回稳向好，2016年北京地区实现货物贸易进出口总额1.86万亿元人民币，其中，出口额3418亿元，同比增长0.7%，出口占全国份额高出上年0.1个百分点，货物贸易出口实现规模、占全国份额双增长。"双自主"企业出口占北京出口总额比重18.3%，比上年提高2.3个百分点。

3. 外贸发展新动能正在形成

北京市积极调结构、转方式、抓改革、促转型，外贸发展新动能正在形成。涌现了一批新竞争力更强的市场主体，"双自主"企业出口占比由2010年的6%上升到2016年的18.3%，"高精尖"经济结构为外贸发展注入了新的动力。小笨鸟、易单网、尚易通等8家外贸综合服务企业实现出口15.8亿美元，同比增长127.7%。跨境电商邮政小包出口8.4亿美元。

4. 外贸新模式新业态快速发展

2016年，北京贸易模式不断创新，已初步形成一批全流程型外贸综合服务示范企业，认定27家首批服务贸易示范基地。小笨鸟实现自营出口43亿元，平台带动全国出口360亿元；飞机租赁、数字贸易出口实现突破。

5. 短期出口信用保险拉动出口作用明显

2016年北京市短期出口信用保险企业覆盖面全国居首。北京市投保短期出口

信用险的企业达1299家，享受统一投保政策的企业达到6100余家，全市出口信用保险企业覆盖面超过84%，比上年提高2个百分点，居全国首位。2016年，短期出口信用保险支持全市贸易出口212.79亿美元（折合人民币1404亿元），同比增长16.9%，短期出口信用保险支持一般贸易出口的比重由2013年的19.5%提高到27%，出口拉动作用明显。

（三）商务服务业发展高端化、规模化、品牌化

2016年，市商务委突出商务服务业综合协调、搭建平台、拓展空间、创新发展的总体工作思路，协调促进规模以上租赁与商务服务业营业收入增长，持续开展"商务服务业企业走进集聚区（商务楼宇）共谋发展"系列活动，组建北京商务服务中心，促进商务服务业向高端化、国际化、品牌化和专业化发展。

1. 商务服务业规模化、高端化水平提升

商务服务业规模持续提升，租赁和商务服务业已成为拉动首都经济增长的重要力量。2016年，租赁和商务服务业实现增加值1835.2亿元，占北京市地区生产总值（GDP）的7.4%。全市规模以上商务服务业企业3899家，实现营业收入8068.3亿元，同比增长5.3%；从业人员87.5万人，同比增长2.7%。

商务服务业高端化水平不断提升。2016年，规模以上高端商务服务业企业快速成长，法律服务营业收入123.4亿元，同比增长16.7%；咨询与调查营业收入1035.8亿元，同比增长11.6%；广告业营业收入1580.2亿元，同比增长10.3%；人力资源服务营业收入634.7亿元，同比增长12.4%。

2. 升级改造商务楼宇和商务服务业聚集区

2016年，升级改造10座商务楼宇、1个商务服务业聚集区。给予资金奖励的10座商务楼宇及1个集聚区建筑面积共75.5万平方米，平均入住率达到92%，同比增长7.5%，驻楼企业1051家，商务服务业企业占企业总数比例达到64%。驻楼企业营业总收入1674亿元，同比增长6%，楼均收入152.18亿元；纳税总额188.75亿元，楼均纳税17.15亿元；驻楼企业从业人员37910人，楼均从业人员3446人。

3. 组建北京商务楼宇联盟及北京商务服务中心

2016年，北京市53家企业及社会机构联合组建北京商务楼宇联盟，以商务楼

宇为载体，采用市场化运作，整合分散的单个楼宇小平台，统筹建立信息平台、交流平台、合作平台、孵化创新平台、增值服务平台、国际交往平台、资源共享等综合服务大平台，放大叠加效应，促进楼宇资源优化组合、创新发展。

发挥北京商务服务业联合会、楼宇联盟及相关行业协会的桥梁纽带和服务平台作用，2016年北京市共组建12个以法律、财税、知识产权、企业管理、调查咨询、投融资及资本营运等方面社会机构、企业、专家为主体的北京商务服务中心。同时，分别在天津滨海新区启迪之星园区、河北定兴县金台经济开发区创建外埠北京商务服务中心，推动北京商务服务业企业"走出去"拓展发展空间。

4. 会展业提升国际化、规模化、品牌化发展水平

2016年，北京市组织125家次企业参加境外16个展会，结识有价值客户7480人次；签订280份合同近6700万元人民币；签订346份意向合同，近1.46亿元人民币。重点支持"莫斯科服装展""德黑兰工业展""德国国际医疗展""曼谷商品展"等4个展会参展企业展区搭建。组织61家次企业参加境内重点展会，重点宣传北京整体商务形象。在"中国–亚欧博览会"期间，首次组织11家采购商企业主要负责人参展对接，受到当地政府高度重视，拓宽北京企业的销售渠道。

分 报 告

第二章 商务领域京津冀协同发展和非首都功能疏解

一、商务领域京津冀协同发展成果概述

京津冀协同发展战略实施三年来，有序疏解北京非首都功能取得明显进展，交通一体化、生态环境保护、产业升级转移等重点领域率先取得突破，协同发展取得显著成效。

2016年1月，《"十三五"时期京津冀国民经济和社会发展规划》印发实施，为京津冀地区今后五年发展指明了方向。随后，京津冀空间规划编制完成，交通、生态、产业、科技、教育等12个专项规划和一系列政策意见相继出台，目标一致、层次明确、互相衔接的规划体系渐趋形成。2016年5月27日，中共中央政治局召开会议，研究部署规划建设通州城市副中心和进一步推动京津冀协同发展有关工作，认为京津冀良性互动取得成效，协同发展实现了良好开局。

（一）高度重视疏解非首都功能工作

作为引领三地协同发展的龙头，北京在京津冀协同发展战略中的表率作用尤为重要。为此，2015年7月，北京市委十一届七次全会审议通过了《关于贯彻〈京津冀协同发展规划纲要〉的意见》，并在此后的几次全会上再次对落实好京津冀协同发展战略提出了明确要求，做出了具体部署，为进一步推动协同发展统一了思想，凝聚了共识。

自此之后，加快建设通州城市副中心，筹办2022年北京冬奥会，实施京津冀全面创新改革试验区建设，推进一批产业、公共服务、行政领域疏解试点项目及承接平台选址建设取得重要进展。一系列重大进展表明，北京推动三地的协同发展已经形成了强大的内生动力。

北京商务发展报告(2017)

疏解北京非首都功能是推动三地协同发展的重要突破口。一方面北京严控增量，严格落实新增产业的禁止和限制目录，严把企业登记、项目审批准入口关，严控新增不符合首都功能的产业，推动集体建设用地腾退减量和集中集约利用，通过等量或减量置换推动城乡建设用地减量增效；另一方面，北京加快疏解存量。中心城区一批区域性批发市场、一般性制造业、教育医疗等公共服务机构和行政事业单位正在有序退出，完成1200家污染企业调整退出任务，依托"4+N"产业合作平台，引导和推动制造业龙头企业新增产能、非科技创新型企业向京外转移疏解，推进北京企业在京津冀的全产业链布局。

北京进一步完善相关政策，坚持阶梯式、差别化方向，深化水、电、气、热等资源性产品价格改革，落实和完善相关价格收费政策，提高禁限产业的用水、用电、用气收费标准。落实京津冀产业转移税收分享办法、国家对企业搬迁的税收优惠政策，加大市级财政资金投入力度，设立北京非首都功能疏解资金（基金），建立多元化融资渠道，支持疏解单位向外转移和承载地建设。完善疏解项目土地利用政策，优先保障搬迁单位新建用地需求。研究制定有利于北京非首都功能疏解的户籍、就业、社会保障等政策。

（二）有序疏解北京非首都功能工作取得明显进展

有序疏解北京非首都功能是京津冀协同发展的关键环节和重中之重，有序疏解北京非首都功能取得明显进展。

第一，强化统筹协调推进，进一步完善机制。

进一步完善工作机制。2016年结合京津冀工作实际，市商务委印发了《全市推进商务领域京津冀协同发展工作机制》、《2016年市商务委京津冀协同发展重要工作任务及分工表》，把各项工作分解、责任主体落实到位。建立市商务委与各区政府和区商务委之间的市场调整疏解工作机制。同时，建立了京津冀三地商务部门对接协作机制和联席会议制度，搭建了市场疏解转移承接合作交流平台，签署了包括市场疏解承接在内的项目合作备忘录。

建立项目跨区域协同发展机制。2016年5月，京津冀商务部门第三次联席工作会议在京召开，会上三地共同签署了《商务领域京津冀协同发展对接协作机制》及2016年重点推动的26个一揽子商务合作项目备忘录，包括京冀项目14个，京津项目4个，津冀项目5个，京津冀项目3个，内容涵盖津冀承接北京的市场疏解、京津冀区域物流标准化、冷链物流基础设施建设、北京品牌连锁企业在津冀两地开店、建设生产基地和配送中心、再生资源回收等领域，总投资超过50亿元。市商务委配合市财政局等有关部门研究制定了《关于建立"疏功能控人口促发展"一般性转移支付引导政策的意见（试行）》，对各区完成疏解区域性市场安排一般性转移支付资金。

研究制定市场疏解配套实施方案，制定《北京市关于进一步促进区域性市场和物流中心疏解提升的工作方案》，将明确有序推进北京区域性市场和物流中心疏解提升的总体思路和主要任务。

第二，重点领域协同发展工作有序推进。

区域性市场和物流中心调整疏解有序推进。2016年计划调整和疏解商品交易市场90个，截至2016年12月25日，北京市疏解提升市场和物流中心147个，拆除清退建筑和物流仓储面积195万平方米，涉及从业人员9.36万人。

促进三地物流业发展。京津冀商务部门共同研究落实三地商务部门第三次联席会工作会议签署的合作项目，包括以企业联盟形式推动京津冀物流标准化协同发展。由三地130余家企业共同发起成立了京津冀物流标准化联盟，以促进京津冀企业在物流标准化方面的协同合作；围绕"环首都1小时鲜活农产品流通圈规划"，推进京津冀区域冷链物流发展。促进京津冀三地物流信息的共享和利用，完成"京津冀重点物流设施地图服务平台"项目的申报工作，启动项目招标工作。

服务外包中劳动密集型业态向京外转移疏解稳步推进，《北京市服务外包产业重点发展领域指导目录》发布，加强产业发展指导和资金政策支持，有序引导服务外包企业中劳动密集型业态向津冀地区转移，共有21家北京服务外包企业在津冀设立分支机构，15家本土服务外包重点企业共在全国设立分支机构高达127个。2016年分别在津冀组建了天津滨海新区启迪之星园区北京商务服务中心和河北定兴县金台经济开发区北京商务服务中心，创建了2个创业服务园区（天津e谷南开创想世界、河北秦皇岛e谷创想空间）。

产业链区域协同开放取得实质进展。创立"研产分离、注册地监管"异地许可与监管模式，北京医药生产企业在河北沧州北京医药产业园已获得首张异地生产许可，北京签约入驻该产业园的企业已达42家。市商务委牵头组织了京津冀协同发展河北开发区投资说明会，发布了河北省开发区重点经济技术合作项目180个，总

北京商务发展报告(2017)

投资近4000亿元。签约项目22个，总投资达245亿元。

区域通关一体化改革进一步深化。实现了京津冀区域内所有通关作业现场通过网络互联互通。三地企业可自由选择申报、纳税、放行地点，打破传统关区界限，跨关区通关时间节省30%。推动境外旅客购物离境退税区域化互联互通，2016年7月在国内率先实现跨京津互联互通，开具全国首张离境退税电子发票。

积极营造法制化营商环境。市商务委会同津冀商务部门形成《京津冀打击侵权假冒区域协作共同指引》，从推动跨区域执法协作等方面推动工作，全年已开展6次跨区域联合执法行动。2016年9月三地联合出台了《京津冀商务举报投诉处理协作意见》。

（三）京津冀市场一体化取得新进展

商务投资市场一体化取得新进展。2015年9月，中关村协同发展投资有限公司揭牌，同时设立中关村协同创新投资基金。河北成立了100亿元的PPP京津冀协同发展基金，并与科技部、招商集团合作建立了首期规模10亿元的科技成果转化引导基金。天津自贸区中心商务区则设立京津冀产业结构调整基金，规模100亿元。此外，总额为1000亿元的"京津冀开发区产业发展基金"设立，京津冀产业协同发展投资基金也将启动。

2016年6月22日，市商务委与河北省商务厅联合举办"京津冀协同发展·河北省开发区投资说明会"。会议旨在落实京津冀协同发展战略，突出北京高端产业、总部经济与河北开发区精准对接，承接非首都功能和创新资源转移，实现合作共赢。在京知名总部企业、现代服务业企业和投资咨询机构的200多位代表，与河北省80家省级以上开发区、13个市商务局负责人进行了对接洽谈，会议规模达420人，签约项目22个，总投资达245亿元。

搭建平台，推动区域商务合作纵深发展。借助于推进京津冀协同发展和区域商务合作深入开展农产品产销对接，组织北京市骨干超市企业参与"北京春节期间服务首都保供行动"，稳定市场供应和节日期间的物价。组织北京大型超市企业与京郊和外埠骨干合作社进行对接，解决昌平苹果"卖难"问题和北京市淡水活鱼波动问题，确保农产品销售顺畅、市场供应稳定。加强对津冀两地产销对接培训工作。

（四）政策共享取得新突破

从服务北京国家科技创新中心的角度出发，京津冀三地已经明确将深化科技成果使用权、处置权与收益权改革；建立国有技术类无形资产可协议转让制度，推动先行先试政策交叉覆盖；继续推进电子商务、云计算服务创新发展、三网融合、下一代互联网、软件及应用系统等国家试点示范城市建设。围绕京津冀城市可持续发展和重大民生需求，在大气和水污染治理、公共安全、新能源汽车及充电设施建设等重点领域，推进实施一批市场需求迫切、技术基础成熟的重大专项，在破解城市发展难题的同时培育具有竞争力的新兴产业。强化中关村国家自主创新示范区的创新引领能力。发挥北京重点创新区域的引领带动作用，强化京津冀创新联动。

政策共享是三地协同的重要助推器。北京作为协同的龙头，进一步完善支持和激励疏解政策。通过落实国家京津冀产业转移对接企业税收分享办法，用好疏解非首都功能税收支持政策，推动调整新增产业禁限目录涉及行业的税收优惠政策，发挥税收政策对非首都功能疏解的引导和促进作用。建立市对区财政转移支付激励机制，研究设立非首都功能疏解引导资金，完善多元化融资渠道，加大对功能疏解支持力度。研究完善产业转移对接涉及的产值分计、税收分享、社保待遇、就业服务、资质互认、异地监管等配套政策，调动疏解单位外迁的积极性。

同时，重点加强京津冀协同发展综合政策研究。特别是加强北京市推动京津冀协同发展综合性政策研究，做好各项政策之间的衔接协调，建立政策实施评估机制。研究制定一批激励和支持北京非首都功能疏解的政策措施。重点围绕城六区与郊区产业承接转移研究，功能疏解与促投资、稳增长统筹研究，产业转移与公共服务共享体制机制创新研究，集中力量建设"4+N"承接平台研究，协同发展基础数据统筹和利用研究等六个重点和难点问题，组织高水平研究机构开展调查研究和咨询论证，提出政策建议，为推动协同发展提供智力支撑。

二、商务领域非首都功能疏解面临的挑战

当前，虽然北京非首都功能疏解在人口、工业、商业疏解等方面取得了一定成效，但是仍然存在一些亟待解决的问题，主要表现在四个方面：首位城市极化效应显著，向外推力不足；服务业滞后于工业疏解，呈现非对称性；中低位序城市发育

缓慢，承接拉力不足；以及市场调整疏解工作机制运行不够顺畅等。通常来讲，服务业疏解应当同工业疏解同步进行，但目前的情况是服务业疏解滞后于工业疏解，仍然聚集于首都功能核心区与城市功能拓展区，需要进一步加快疏解步伐。

（一）首位城市极化效应显著，向外推力不足

首位城市是指城市体系中规模最大的城市，其居于城市体系金字塔塔尖。首位城市也是城市体系综合发展水平的典型代表。基于此，首位城市逐渐成为诸多学者从事城市体系规模结构理论研究中重要研究对象之一。1939年马克·杰斐逊第一次提出了城市首位度概念，此后城市首位度逐步成为衡量城市体系规模结构的常用指标。极化效应使得增长极区域有更高的投资报酬率、更多的机会，与非增长极区域相比对要素更具有吸引力，导致要素从非增长极区域向增长极移动。当极化效应大于扩散效应时，加大了区域增长极与周边地区的发展差距，制约了周边地区的发展，使得区域二元结构明显。首位城市与周边地区发展的巨大差距使得市场商户和从业人员离京意愿很低。

北京基本处于向知识经济过渡阶段，天津属于工业经济后期，河北属于工业经济初期。天津、河北承接地交通、教育、医疗、产业等配套设施以及市场商业氛围等方面条件与北京相比有很大差距，改善和完善需要几年或更长的时间。京津的快速发展，河北的缓慢发展，由此形成区域二元结构，使得京津冀各地区发展差距较大，且北京向外进行产业扩散的动力不足。据北京市总工会所做《本市区域性批发市场从业人员调研》显示：区域性批发市场中93%的商户老板、90.8%的员工来自外地，73%的商户老板、71%的员工不愿意外迁。

（二）服务业滞后于工业疏解，呈现非对称性

北京非首都功能疏解是各类产业协同推进的过程，当前，工业企业已经逐步由首都功能核心区向周边的城市发展新区以及北京周边城市进行了有效疏解，但是，服务业的疏解进程仍滞后于工业疏解，大量服务业企业聚集于首都功能核心区与城市功能拓展区，造成了交通拥堵、城市污染、职住分离等城市问题。

表2-1 2016年北京市工业与服务业从业人员分布的非对称情况统计表

	首都功能核心区	城市功能核心区	城市发展新区	生态涵养发展区
工业从业人员分布（%）	4.32	22.36	60.84	12.48
服务业从业人员分布（%）	18.83	52.64	25.38	3.15

资料来源：北京市统计年鉴

根据表2-1所示，2016年工业从业人员主要分布于城市发展新区，占全部工业从业人员总数的60.84%，而首都功能核心区工业从业人员比重只有4.32%，说明工业企业已经逐步由首都功能核心区向周边的城市发展新区疏解。然而，与工业企业从业人员的疏解相比，服务业企业从业人员疏解较为缓慢，2016年首都功能核心区与城市功能拓展区服务业从业人员占全部服务业从业人员的71.47%，而城市发展新区服务业从业人员则占全部服务业从业人员的25.38%，最外围的生态涵养发展区服务业从业人员仅占全部服务业从业人员的3.15%。因此，服务业从业人员疏解滞后于工业从业人员疏解，若仅有工业从业人员的疏解，没有服务业从业人员的疏解，很难达到北京非首都功能疏解的预定目标，职住分离的状况将难以有效解决。

（三）中低位序城市发育缓慢，承接拉力有限

城市体系的位序——规模法则是一项经验法则，它是指在某区域内城市体系中各城市规模（通常指人口规模、其它还包括经济规模和空间规模）与基于城市规模按顺序进行排序后的城市位序之间相互关系的经验总结。它也是测度城市体系规模结构合理与否的重要工具。

合理的城市体系不仅能够实现城市体系内部各城市效益的不断增加，而且能够使城市体系内部各大、中、小城市形成合适的规模数量组合。反之，不合理的城市体系会使各城市同首都城市之间存在较大的差距，难以同首位城市形成良好的分工，在一定程度上会阻碍首位城市对其进行产业、人口因素的疏解。

北京商务发展报告(2017)

首都圈城市体系各城市间呈非均衡分布，主要表现为：一是以北京为首的高位序城市要素功能极化效应显著。北京凭借政治、经济等优势，集聚了大量的劳动力、资本等要素，在不断壮大的同时，将优势资源从其他中小城市吸附过去，导致了周边中小城市发育缓慢，逐步拉开了同北京、天津的距离。石家庄、唐山是首都圈内仅次于北京、天津的高位序城市，石家庄作为河北省省会城市，聚集了省内大批优秀人才、优质资源，取得了较快发展；唐山作为首都圈内重要增长极，凭借京唐港、曹妃甸工业区，城市规模发展潜力较大。二是中低位序城市规模发展相对落后。张家口、承德作为京津城市的生态涵养区，受地理区位、交通等因素的影响，人口聚集能力有待提高，进而限制了其空间规模的扩展。保定、廊坊是首都圈内距离京津较近且具有较大发展潜力的城市，但由于距离京津较近，保定、廊坊受其虹吸效应影响较大；秦皇岛、沧州拥有秦皇岛港和黄骅港两大港口，但是均以货物运输为主，尤其是秦皇岛港是煤炭运输的主要港口，导致了城市发展空间扩张较为缓慢。

（四）市场调整疏解工作机制运行不够顺畅

2016年初，市商务委组织建立了与各区政府和区商务委之间的市场调整疏解工作机制，但从运行效果看，有些区商务委还存在统筹协调力度偏弱、基础数据不详实、工作进展掌握不全面不及时等问题。

三、促进商务领域京津冀协同发展，深化非首都功能疏解的对策

疏解北京非首都功能必须把握好节奏和时序，按照"先易后难"的原则，对于能够达成共识、把握准确的领域和项目，要抓紧实施、全力推进；对于牵涉众多、关系全局的复杂问题，要深入研究、谋定而后动。结合北京总部经济特征和科技资源优势及企业实际情况，由内而外、先小后大地分层有序疏解。

（一）增强北京疏解非首都功能的推力

北京市自身城市功能与首都功能的叠加，导致了大量外来人口、产业向市区聚

集，引起了北京城市规模迅速扩张，极化效应日益显著，大大超出了周边地区的城市规模，是造成首都圈城市体系规模结构失衡的主要原因之一。因此，为了缓解北京市区城市规模急剧扩张，促使首都圈城市体系规模结构趋于合理，应当以"疏堵结合"的方式增强北京非首都功能疏解的推力。在"堵"方面，应当继续贯彻落实《北京市新增产业的禁止和限制目录》（2015版），禁止新建或扩建农业、制造业、交通运输等不符合规定的产业项目；在"疏"方面，首先应当考虑有序推进北京市政府行政机构迁至通州城市副中心，合理引导人口向北京周边地区疏解；提高北京商务办公成本，如征收道路拥挤费等，促进其疏解；按照《京津冀协同发展规划纲要》要求，重点疏解四类非首都功能，即一般性制造业、区域性物流基地和区域性批发市场、部分教育医疗等公共服务功能以及部分行政性、事业性服务机构。

疏解北京非首都功能，重点在于产业的疏解，而产业的疏解应该要更多的做增量文章。一方面，要加快产业转型布局，在京津冀核心城市地区，发展高新技术产业，将一般性制造业迁往中小城市和县城；另一方面，要不断优化周边中小城市功能，加快资本、技术等要素流动，增强小城市吸纳就业、公共服务能力，逐步缩小城市发展差距。

（二）建设通州城市副中心

受北京极化效应影响，首都圈城市体系呈"中心—外围"结构，一方面，增加了疏解成本，降低了疏解效率；另一方面，阻碍了周边地区更好地接受来自北京的辐射。而根据国外首都圈发展经验，首都圈多中心网络化空间结构是首都城市功能疏解的必然趋势。因而，应当逐步调整北京同周边地区的空间二元结构，向以北京为核心的多中心网络化空间结构发展。

在建设通州城市副中心时，应积极学习上海、深圳，以及韩国、法国等国内外的先进经验，综合运用好行政、财税等措施。通过对区县功能定位、区位条件、空间资源、文化生态资源等方面的分析，可优先考虑推动行政资源由中心城区向通州城市副中心集中疏解，形成示范效应，进而带动教育、医疗、培训等其他非首都功能加快向通州城市副中心疏解和聚集，形成非首都功能疏解的集中承接地。未来通州城市副中心的人口将成倍增加，城市功能逐渐扩大，给交通、市政、电力、供水、环境等方面带来极大压力。因此，应做好通州城市副中心的公共服务建设，重点承接教育、医疗、科技、文化、体育等方面的优质资源。摆脱对传统产业的依赖，打破既有的行政区划，让协同真正见实效。

（三）加大中低位序城市产业承接的拉力

产业是城市聚集人口、资本、技术等要素的重要组成部分，也是扩大城市空间规模的重要动力。因此，首都圈内中低位序城市应当把握好北京向其疏解产业的机遇，结合自身发展实际，有选择地承接北京疏解而来的各类产业，增强承接产业的拉力。

首先，调整产业结构，降低产业承接难度。受行政区划分、利益保护等因素影响，首都圈内各城市未形成合理的产业垂直分工，产业竞合关系不清，为此，北京周边城市应当结合相关疏解产业，适当调整本地区产业结构，降低产业承接难度，使承接的产业能够在本地区顺利落地。

其次，加强本地区产业配套等基础设施建设。一方面，首都圈内产业承接城市应当加强商业、物流等基础设施和公共设施建设；另一方面，还应当加强产业园区建设，对疏解而来的企业给予土地、税收等政策优惠，从而不断增强中低位序城市吸附产业与人口的能力。

最后，结合《京津冀协同发展规划纲要》中规划的空间布局模式，在明确北京在首都圈内核心地位的同时，加快天津、唐山、石家庄等城市发展，培育保定、廊坊、秦皇岛、沧州、承德、张家口等城市尽快成为具有一定区域带动力的区域中心城市；其次，推进首都圈新城建设。城市新城是承接人口与产业疏解的重要空间载体，为此应当重点建设一批新城，起到对北京人口与产业疏解的支撑作用，北京应继续推进顺义、亦庄、大兴、昌平、房山等新城建设，天津应持续推进大港、静海、津南、西青、汉沽、宁河、武清、宝坻、蓟县、团泊等新城建设，不断推进首都圈内京涞新城、正定新区、固安临空新城、沧州渤海新城等建设。与此同时，逐步实现新城公共资源均等化，推动"以业兴城，职住一体"的新城发展模式。

（四）推进三地商务领域协同发展

非首都功能的疏解需要三地协同发展，共同制定相关规则，保证工作的有序进行。

分报告

在商业市场发展规范化方面,需要加快进行京津冀三地农产品追溯制度的对接,保证三地农产品品质,同时推进市场诚信建设,加大三地流通秩序协同检查的力度,积极推行三地市级部门的联合执法,共同维护市场秩序。建设京津冀市场监控数据平台,收集三地市场运行、商品销售、价格变化等相关信息,为统一政策的制定提供依据。在推进机制建设的同时,大力扶持三地商业社会团体的发展,利用民间商业社团加快三地商业的融合发展。

在市场发展方面,推进三地连锁商业的发展,积极扶持北京连锁商业品牌向天津及河北的推广,不断完善当地商业基础设施,改善营商环境。同时,推动天津及河北的社区商业发展,为人口疏解提供良好的生活和居住条件。

在统筹协调方面,推进与津冀商务部门的沟通协调。积极与津冀两地展开互动,协调推进项目对接和落地,与河北省商务厅共同做好2017年三地商务部门工作会。继续加强北京市相关部门协调联络,强化京津冀协同相关部门的统筹协调。及时掌握京津冀协同发展的工作新要求。进一步加强三地联动发展。以深化服务业扩大开放综合试点为契机,促进三地投资合作交流,协助推动总部企业在京津冀优化布局,加快服务外包中劳动密集型业态向津冀地区转移。

以产业地域集群为载体推进京津冀的产业转移,对研发在北京,但生产制造和销售都已转移的产业及企业,突破行政区域,建立良性互动的税收分享机制。非首都核心功能对于津冀而言,也并不等于就是落后的产业和功能,一些高端的非服务首都的行业和企业都可以与津冀有序对接。

第三章　北京服务业扩大开放综合试点发展报告

2015年5月5日，国务院批复同意北京市开展服务业扩大开放综合试点，北京是全国首个、目前也是唯一一个服务业扩大开放综合试点城市，与现有自贸试验区和粤港澳服务贸易自由化共同成为构建开放型经济新体制的重要探索。通过试点，北京将大力发展服务经济、知识经济、绿色经济，加快构建高精尖经济结构，实现首都产业替代升级，构建与首都核心功能相适应的产业体系。通过试点，北京将努力打造服务业开放窗口，推动北京服务业向高端化、集聚化、国际化方向迈进，服务京津冀协同发展，推动更大范围服务业开放。

一、北京服务业扩大开放综合试点的内容及特征

北京市服务业扩大开放综合试点的主要内容，可以简要概括为"6+1+5"，即构建"6+1"扩大开放格局、优化5大配套支撑体系。"6"即聚焦科学技术、互联网和信息、文化教育、金融、商务和旅游、健康医疗等六大重点服务领域，降低或取消外资股权比例限制、部分或全部放宽经营资质和经营范围限制，实现投资主体多元化。"1"即深化对外投资管理体制改革，主要是通过实行"备案制"等管理创新，加快企业"走出去"步伐。"5"即优化5大配套支撑体系，在优化社会信用环境、改革市场监管模式、创新高端人才聚集机制、加大金融保障力度、提高通关便利化水平等5个方面，通过创新体制机制，转变政府监管和服务方式，构建科学规范、高效透明的服务业促进体系，建设国际化、市场化、法治化的营商环境，为开放提供有效保障。综合试点的发展目标是经过三年的积极探索，通过放宽市场准入、改革监管模式、优化市场环境，努力形成与国际接轨的北京市服务业扩大开放新格局，积累在全国可复制、可推广的经验，使服务业扩大开放综合试点成为国家全方位主动开放的重要实践。

相比自由贸易试验区和粤港澳自由化，北京的试点具有自身鲜明的特点。自贸实验区是在一个特定区域的开放，是园区开放模式；粤港澳自由化是有特定对象的开放，只是针对香港和澳门；北京的试点是聚焦符合首都定位的服务业六大重点领域，不受区域和对象限制，是覆盖全市域的产业开放模式，这种模式更加符合服务业和服务贸易发展的内在规律，将为国家构建开放型经济新体制探索新路径。

二、北京服务业扩大开放综合试点成果概述

2015年9月13日，根据国务院批复的总体方案，商务部和北京市共同出台了《北京市服务业扩大开放综合试点实施方案》（以下简称《实施方案》）。《实施方案》确定了试点期内要完成141项任务，现已启动实施118项，实施率83%；已完成113项任务，完成率80.1%；形成了40项开放创新举措，创新率28.4%，已取得阶段性成效。

（一）率先构建与经济发展新常态相适应的服务业发展格局，为经济转型升级发挥示范带动作用

试点工作开展以来，北京市产业结构进一步优化。2016年，北京市服务业增加值占地区生产总值的比重达80.3%，比2015年提高了0.6个百分点。外商投资服务业踊跃，服务业实际利用外资123.2亿美元，占全市实际外资94.6%，其中互联网和信息、文化教育、商务和旅游、科学技术等试点涉及的重点领域引资快速增长，实际利用外资分别增长1.3倍、97.9%、89.8%和59.3%。对外投资增幅明显，北京市企业累计境外直接投资额155.1亿美元，增长62.3%。服务贸易保持平稳增长态势，实现服务贸易进出口总额1508.6亿美元，增长15.8%，约占全国服务贸易总额的18.8%，打开了"服务贸易发展'十三五'规划"的良好局面。

（二）催生与首都功能定位相契合的新业态，为服务业供给侧结构性改革开拓新路径

在服务业的业态创新上，北京在六大重点领域涌现出了10项国内首创。国内首家外资控股的飞机维修合资公司正式挂牌成立，有利于提升我国民航维修服务技

术和管理能力，并进一步积极试点在外商投资飞机维修项目中取消中方控股。国际知名银行卡清算机构在京落地，为首都企业和居民带来了更多的服务选择。全国率先实行海外游客购物离境退税，有利于吸引更多海外游客来京消费。允许在京设立符合条件的中外合资旅行社从事除台湾地区以外的出境游业务，已有中青旅国际旅游有限公司等4家中外合资旅行社开展相关业务。国内首家获得对外专项出版业务的混合所有制试点企业在京注册运营；全国首例大型公立医院与社会资本以特许经营合作办医的改革模式成功实施；国内首笔以版权为标的物的融资租赁业务顺利实现；国内首家由银行发起成立的创客中心在京诞生；推出国内首批中医药国际医疗服务包；推出全国首款居家养老失能护理互助保险；诞生国内首家可实现出口产品全程质量可追溯的跨境电商平台企业。

（三）构建与服务业和服务贸易发展相适应的体制机制，为开放型经济新体制探索可复制推广经验

根据服务业涵盖领域广、行业差异大的特点，试点工作积极探索"产业定制"的管理模式，形成了一批与服务业和服务贸易发展相适应、具有可复制和推广价值的体制机制创新案例。比如，根据生物医药产业发展的特点，建立了全国首家"一站式"特殊物品及生物材料进出口公共服务平台，医用特殊物品审批时间从两三个月缩短到3-5天；为支持外贸企业发展，创立国内首个集成了政府性担保资源、政策性保险资源、银行资源的中小企业出口金融服务平台，有效缓解了中小企业融资贵、融资难等问题；针对跨境电商产业的监管问题，建立了北京跨境电子商务公共信息服务平台，实现"关、检、税、汇"等多部门统一核验，通关时间由原来的2-3天缩短至半天。

（四）优化与市场主体作用相配套的服务业软环境，为激发服务业关键要素活力提供成功实践

第一，下放管理权限。北京成为全国首个所有地市级工商部门均取得外商投资企业登记管辖权的地区。第二，探索与推广并行。如把中关村先行先试的部分商事制度改革举措推广至全市六大试点领域。第三，参与国际标准制定。在全国首次将

工程技术服务的标准制定纳入科技服务专项支持范围，有利于进一步推动我国标准技术"走出去"。第四，扩大跨境外汇支付试点范围。北京已成为全国开展试点业务机构数量最多、业务范围最大的城市，支持的交易项目增长一倍；开展支付机构跨境人民币结算试点，已有5家支付机构完成跨境电子商务人民币结算业务备案，为跨境电商发展创造良好条件。第五，保障金融要素安全流动。建设互联网金融风险管理系统，建立"一企一档"企业风险管理档案，对接打击非法集资监测预警平台等相关系统，强化互联网金融风险分析研判和监测预警。

（五）探索区域协同发展的服务业开放模式，助推京津冀协同发展

一是推动产业区域联动。创立医药"研产分离、注册地监管"的异地许可与监管模式，推动形成研发与生产分离的区域联动发展格局，即医药研发环节在北京聚集、生产环节向津冀等周边地区布局；目前，北京市医药生产企业在河北沧州的北京医药产业园已获得首张异地生产许可，截至2016年底，北京签约入驻该产业园的企业已达53家。二是深化区域通关一体化改革。实现京津冀区域内所有通关作业现场互联互通，三地企业自由选择申报、纳税、放行地点；打破传统关区界限，跨关区通关时间节省30%。三是在全国率先实施异地离境退税。实现京津税务部门之间离境退税凭据互认，境外旅客在京津区域购买退税商品可自由选择离境口岸并享受退税。

（六）打造示范区先行先试的改革模式

设立朝阳、顺义两个服务业扩大开放综合试点示范区。朝阳区依托北京商务中心区（CBD）、国家文化产业创新试验区和中关村朝阳园，推出33项试点创新措施，其中，落实北京市服务业扩大开放综合试点任务措施19项，在朝阳区先行先试措施14项；顺义区依托天竺综保区、临空经济核心区和中关村顺义园三大功能平台，推出38项试点新政。示范区成效显著，起到了明显的示范带动作用。

三、北京服务业扩大开放综合试点经验总结

北京服务业扩大开放综合试点工作立足北京，率先在全国形成服务业主导经济新格局的先行优势，面向全市域开创性地探索"产业开放模式"，针对服务业和服

北京商务发展报告(2017)

务贸易发展的关键环节，形成了一批与服务业和服务贸易发展相适应、具有可复制和推广价值的体制机制经验。

(一)"双积分"信用管理模式

2016年10月，由市商务委搭建的"双积分"信用监管系统已上线试运行，该系统建立了外资企业信用新档案，现已归集全市56个部门、450万户市场主体的7600多万条企业信用信息，实现企业信用信息统一归集、公示和应用，形成政府各部门共享共用的信用监管体系。对3万家外资企业建立信用档案，系统将依照"双积分"规则，对企业的良好信用积正分，对不良信用积负分。所有正负积分均独立存在，可以比照参考，但互不抵销。同时，市商务委构建了四种企业分类管理池，即有良好信用积分且无不良积分的企业进入重点示范区，有异常信用积分的纳入异常经营区，有不良信用积分的进入重点监管区，其他为正常经营区。通过上述举措，对信用良好的企业给予更大的便利和支持，对信用不良的企业给予多处限制。"双积分"信用管理模式对接国际惯例，加强国际互认，强化事中事后监管。

(二)"链式"监管模式

为进一步发挥北京在全国的创新中心优势，进一步鼓励创新。在北京市服务业扩大开放综合试点工作中，北京在全国首创"链式"监管模式，并率先应用于集成电路产业。"链式"监管模式转变了以往对设计、生产、销售等各环节分别进行监管的理念，把设计环节作为全产业链监管服务的牛鼻子。该模式将加工贸易的监管对象由原有的"生产企业"转变为"设计企业"，允许设计企业作为海关备案主体，准许设计企业在全国范围内选择代工企业，通过在京设计企业将保税政策延伸至京内外的全产业链，通关效率提高20%以上，实现了监管行政成本和企业商务成本的双降低。

(三)协同互认管理模式

北京采用的协同互认管理模式包括三个方面：第一，在国内首次推出"外商投资企业商务工商备案事项结果互认一体化"的改革措施，实现商务和工商部门之间的登记结果互认，该措施实施以来，企业申报材料减少了50%，办理时限缩短3-5天，年均可惠及外资企业1500家次，占外资企业设立及变更总量的三分之一。第二，实施境外投资备案事项网上"一口受理"。北京市发改委和市商务委联合搭建了境外投资网上备案平台，简化了办理流程，实现对外投资企业备案、项目备案"一口登陆、并联办理"，提高了北京境外投资的管理效率，推进了企业境外投资的便利化。第三，设立跨境电子商务"单一窗口"。通过北京跨境电子商务公共信息服务平台，实现"关、检、税、汇"等多部门统一核验，对跨境电子商务进行全程智能化监管，通关时间由原来的 2-3 天缩短至半天。

（四）"1+X"（政府＋社会）平台管理服务模式

在服务业扩大开放试点措施中：第一，推出全国首家"一站式"特殊物品及生物材料进出口公共服务平台，医用特殊物品审批时间从两三个月缩短到 3-5 天，生物试剂平均通关时间从 3.5 天缩短到 1.5 天。第二，推出全国首个科研免税设备共享平台，截至 2016 年底，已有北大、清华等 11 家高校和中科院所属 21 家研究所的 674 台设备实现共享。设立北京高精尖产业发展基金（200 亿元）、外经贸引导基金（10.3 亿元）、国内首个生活性服务业发展基金（10 亿元）和国内资金规模最大的知识产权运营基金（10 亿元），有效调动多元社会资本的参与。

（五）无形资产融资模式

针对服务业企业轻资产、融资难等问题，创立了版权、专利权等无形资产融资租赁模式，完成了国内首笔以版权为标的物，通过融资租赁获得融资的案例。目前，已有 142 家文创企业完成了以影视剧版权、专利权、音乐剧版权等为租赁物的融资，融资额累计达 23.7 亿元，创新了服务业企业融资途径。

（六）资金"跨境通"模式

首先，建立"企业自律、上限管理"的外债借用管理模式。取消内资企业不能借入外债的限制，允许符合条件的中外资企业在额度之内"自主借债、灵活使用"，可在企业净资产 2 倍范围内直接从境外借入低成本资金，并自行确定期限、方式和币种，首次允许外债资金结汇用于偿还人民币贷款、一般企业借用外债资金用于股权投资等。截至 2016 年底，已为 74 家中关村高新技术企业借入外债资金 42.46 亿美元，融资成本比境内贷款平均低 200 多个基点。其次，在全国率先开展跨境双向人民币资金池业务，94家试点企业集团在限额内实现境内外人民币资金双向融通，没有金额和期限限制，近2800家境内外成员企业享受到政策便利，有效降低了企业融资成本。

（七）"直通车"国际引智模式

建立专门的外籍人才服务大厅，市公安等部门联动，快速办理外国人申请永久居留、长期居留许可等出入境事项，并直报国家有关部门。外籍人才申办永久居留的时限由180个工作日缩短为50个工作日，外籍人才申办居留许可的时限由15个工作日缩短至10个工作日。同时，将引进的外籍高端人才第一时间纳入外籍人才库，为建立国际人才创新创业生态系统奠定基础。2016年，全市共受理绿卡申请598人，其中，460人获得了绿卡，绿卡申办量和获得量均大幅增加。

（八）"集成式"出口融资服务模式

搭建全国首个集出口信用保险、政府担保资金（北京市外经贸担保服务平台）、银行等金融资源为一体的北京市中小企业出口金融服务平台——"政保贷"，实现了由"单纯政府担保"向"政府担保与企业信保双重保障"的转变以及由"担保服务平台主要为企业融资担保"向"为企业和银行双向担保"的转变。为推动外贸稳增长、调结构，支持企业"走出去"、促出口，设立了北京外经贸发展担保服务平台，将中信保和宁波银行引入平台，开发金融产品"政保贷"，形成了国内首个集成了政府性担保资源、政策性保险资源和银行资源的中小企业出口金融服务平台。该平台将担保与信保有机结合，共同为外贸企业和银行承担风险，大大提升了融资便利性，并形成了准入门槛低、融资成本低、融资额度高、放款效率高等产品优势，更好地为中小企业和外贸平台型企业提供融资服务，对于缓解中小企业融资贵、融资难等问题具有重要作用。目前，政保贷已审批了6个项目，增加企业融资额度305万美元。

四、深化北京服务业扩大开放综合试点工作的对策

（一）深层次扩大北京服务业开放

北京要以现有开放为基础，持续增强服务业开放发展，努力争当全国服务业扩

大开放的领跑者；创新发展动能，带动北京"高精尖"经济结构构建。

1. 借鉴国内外经验，大幅提升行业开放度

立足北京服务业发展优势，参照新加坡、香港在外资管理上的做法，进一步放开竞争性服务业领域市场准入。对服务业六大领域的细分行业分类研究，分批次推进开放。对于一般性的服务业领域，可以优先开放；对于有战略意义的领域，先开放具备比较优势的领域，对于实力一般的领域有限度地开放以逐步增强自身实力；对部分敏感性领域，以采取局部先行先试的做法探索经验，在条件成熟时再放开。

2. 立足"四个中心"，深化服务业开放

围绕文化中心、科技创新中心和国际交往中心建设，积极争取在北京逐步放开文化娱乐、建筑设计、通用飞机设计、生物医药研发、会计审计、电信，以及其他服务业竞争性领域对外资的准入限制和股比限制，争取成为第一批大幅放宽金融业外资持股比例以及牌照等方面限制的城市。围绕和谐宜居之都建设，争取放开育幼养老、商贸物流、电子商务等领域的市场准入，推动生活性服务业向更高形态、更高品质发展。

（二）全面推进监管体制机制创新

对经济活动的有效监管是提高经济效率的重要保障，过宽或过严的监管制度都不能保证经济活动的高效运行。北京在不断扩大服务业开放的同时，监管制度应该与扩大开放的政策保持同步，不能因为监管制度落后于开放政策而影响开放效果，要破解制约服务业开放发展的制度瓶颈，积极加强监管制度的创新，构建国际化、法治化、便利化的服务业促进体系，形成对产业发展的"溢出效应"。转变监管理念和方式，加强部门联动，健全以信用监管为主要内容的事中事后监管，形成监管合力。

从业务主体来看，要充分利用各类信用信息，收集企业主体的各类风险信息，有效实施对企业主体的风险防范管理。从业务内容来看，要加强贸易监管制度的创新，主要包括服务贸易的进出口、统计方法等方面，随着跨境电商的不断发展，应做好对这一领域的监管工作，从业务调整、管理制度、资源配置、风险防范等方面做好程度适中的监管制度创新和设计。从监管模式来看，要通过促进信用服务行业发展（如信用咨询、信用评估、信用担保以及信用保险等）、使用信用服务产品（如

信用信息和信用报告等）、建立诚信分类监管机制（建立健全地方信用信息平台并完成与国家信用信息平台对接，按照信用监管和风险管理的理念实施分类监管）等配套措施完善监管体系。

（三）进一步促进高端人才引进

高端人才的引进是增强试点方案中的重点领域竞争力的最有效途径，北京要进一步引进外籍高层次人才，缓解北京高端服务业对高层次人才的需求压力。

从出入境政策、国际资质互认、社会保障和公共服务等多方面，完善高层次人才进出境软环境，促进国际人才流动便利，吸引高层次人才聚集。具体来讲，可从以下几个方面着手推进对外籍高端人才的引进及管理：

第一，健全符合北京服务业开放重点领域发展需要的境外高层次人才和紧缺人才的认定和奖励政策；第二，探索符合人社部门、外国人才主管部门认定的外籍人才的补贴政策；第三，探索职业资格的国际互认，放宽服务业重点领域高层次和紧缺急需的外籍专业人才聘雇限制，为符合条件的港澳及外籍人员在京执业提供专业服务；第四，提升外籍人员的社会保障水平。此外，解决外籍人员在住房、子女入学、配偶工作等方面的结构性资源稀缺等问题。

（四）积极优化服务业营商环境

1. 对标国际一流营商环境，继续深化"放管服"改革

秉承"降准入、重监管"的开放发展理念，从市场准入、事中事后监管、要素资源流动、法制保障等环节深化"放管服"改革，营造稳定、公平、透明和可预期的营商环境。实施外商投资企业全周期管理制度。深入推进实施外商投资负面清单管理和"单一窗口"、"单一表格"登记备案制度；推进外资企业简易注销登记改革，完善市场主体退出机制。

2. 努力营造公平竞争的法治环境

进一步在知识产权保护、公平竞争等方面加大力度，从地方层面逐步推进内外资统一的政策环境，加大对外商投资企业享有准入后国民待遇的保障力度。推进由政府主导型监管模式向企业主导型模式转变，以法律制度约束代替行政干预，提升

监管的规范性、导向性，减少对经营主体正常经营的"非必要"干预。

（五）打造京津冀协同开放创新体

北京要以试点工作为契机，进一步发挥首都服务业开放试点的辐射带动作用，贯彻落实京津冀协同发展重大战略，服务"一核两翼"发展格局，提高试点工作服务京津冀协同发展的水平，进行定向创新、政策集中投放；构建以特定区域为载体、以更加开放自由的投资贸易监管制度为核心、以共建共享发展框架为驱动、以多条产业开放联动链为支撑的协同开放创新体，打造区域扩大开放新高地。第一，形成更加开放、自由的投资贸易监管制度。实施开放程度更高的货物进出境管理，实施更为优惠的关税政策，推进实施更具开放度的外汇自由流动政策，从而实现货物进出更加自由和资金流动更加自由等。第二，以"三位一体"发展框架为驱动。从上争取国家支持，拓宽开放政策共享面；从下筑牢基础，构建开放机制共同体；从中破除行政壁垒，打通要素流动大通道。第三，打造产业开放联动链。京津冀三地根据自身比较优势，使上下游产业有机、高效地联动；努力培育"高端服务＋先进制造"、"研发＋转化"、"总部＋分支机构"等多条京津冀产业开放联动链；并积极构建产业链协同开放的对接机制。

第四章 北京生活性服务业发展报告

提高生活性服务业品质是贯彻习近平总书记"2·26"重要讲话精神,加快建设国际一流和谐宜居之都的重要举措。2016年,在市委、市政府的正确领导和统一部署下,市商务委和市发展改革委积极会同各区人民政府和各有关委、办、局,认真落实《国务院关于北京市服务业扩大开放综合试点总体方案的批复》(国函〔2015〕81号)《国务院办公厅关于加快发展生活性服务业促进消费结构升级的指导意见》(国办发〔2015〕85号)和《北京市人民政府关于印发〈北京市提高生活性服务业品质行动计划〉的通知》(京政发〔2015〕40号,以下简称《行动计划》),圆满完成了预定的目标任务和各项重点工作,全市生活性服务业品质持续提升,生活性服务业"规范化、连锁化、便利化、品牌化、特色化"(以下简称"五化")发展取得了新的进展。

一、生活性服务业发展的主要成效及措施

(一)主要任务指标完成情况

2016年,全市共新建或规范提升便利店(超市)、早餐、蔬菜零售、洗染、美容美发、家政服务、末端物流配送和再生资源回收等8项基本便民服务商业网点1700个(2015年完成775个),其中蔬菜零售网点468个,提前超额完成全年1500个目标任务;城六区基本实现8项基本便民服务社区全覆盖;全市基本便民商业网点连锁化率达29.5%,比2015年底提高5.2个百分点;城六区基本便民商业网点连锁化率达到35%,比2015年底提高了5.7个百分点。全市涌现出了一批在国内外具有较高知名度的生活性服务业品牌企业,市场秩序进一步规范。市政府绩效办委托第三方机构开展的服务对象满意度调查显示:生活性服务业品质提升工作满意度达到97.5分,且均为正面评价。

（二）重点工作措施

1. 抓体制机制建设和目标分解，完善政策标准体系

经市政府同意，市商务委会同市发展改革委联合印发了《北京市提高生活性服务业品质2015年工作总结及2016年工作要点》。市政府督查室将此项工作纳入市政府与各区政府签署的目标责任书和《北京市区政府绩效考评体系》范围，并将任务目标分解到各区和各相关部门，市政府第四督查组对此开展了有针对性地集中督查，充分调动各相关部门和各区政府的积极性，形成了推动此项工作的良好氛围。

市发展改革委利用集中编制发布全市"十三五"规划的有利契机，牵头编制发布服务业发展规划，并配合相关单位编制发布民政事业、物流业、养老服务等9个相关专项规划，引导全市生活性服务业发展。同时在调研分析全市旅游、文化、体育、健康、养老、教育培训等重点生活性服务业消费新热点的基础上，研究起草全市培育扩大服务消费优化升级商品消费的综合意见，研究创新市政府固定资产投资方式，加大对便民商业服务设施的支持力度。

2. 抓规范化发展，完善营商环境

市商务委制定实施了《生活性服务业行业规范制修订及标准规范宣贯活动项目实施方案》。指导相关行业协会完成了蔬菜零售、家政、社区商业便民服务综合体等11个行业（业态）的24个规范的制定修订工作并汇编成册，在全国率先初步建立了上述行业（业态）的标准规范体系。指导相关行业协会分行业（业态）召开系列宣贯会42场，6000余人次参会，40多家中央和市属媒体、网站发布新闻报道683篇。开展示范街区创建工作，并确定在奥林匹克中心区等8个街区开展全市第一批生活性服务业示范街区的创建工作。

市发展改革、工商、税务、商务、质监、安监等部门密切配合，重点在完善促销监管、打击侵权假冒、安全生产监管、零售商供应商交易监管等方面加大了联合执法力度，规范了市场秩序。2016年，全市行政执法部门对侵权假冒行为共立案4773件，同比增长18%；办结案件4207件，同比增长4.7%；涉案金额7735万元，同比增长20.9%；捣毁制售假冒伪劣产品窝点113个；移送司法机关涉嫌犯罪案件59件，同比增长103.4%。公安机关共破获侵权假冒案件725件，抓捕犯罪嫌疑人

686 人，涉案金额 9.3 亿元。检察机关共批捕侵权假冒案件 154 件，涉案犯罪嫌疑人 186 人；审查起诉案件 376 件，涉案犯罪嫌疑人 443 人。审判机关共受理侵权假冒刑事案件 368 件，审结 383 件，生效判决人数 465 人。市水务局组织全市 85 家宾馆、饭店建设成为市级节水型单位。

3. 抓连锁化发展，加强服务网店布局

市商务委会同相关部门联合出台了《关于进一步促进连锁经营发展的意见》，明确以"培育连锁品牌龙头企业、完善连锁便民服务网点、拓展连锁经营行业层次、推动连锁经营模式创新、完善信息技术和物流支撑体系"为重点任务，提出了"统筹连锁网点规划布局、引导连锁企业规模化发展、鼓励连锁企业创新经营、健全准入审批机制、合理降低连锁经营税负成本、规范政府监管行为、加强人才队伍建设"等七项措施，进一步健全了促进生活性服务业连锁经营发展的体制机制，优化了连锁经营发展的外部环境。制定实施了《关于 2016 年度支持新建或规范便民商业网点项目的实施方案》，对网点的建设内容、标准、支持方式等进行了细化。提前超额完成全年网点建设任务，网点连锁化率进一步提升。

市食品药品监督管理局于 11 月 1 日印发实施《北京市食品经营许可管理办法（试行）》，对连锁便利店等流通业态搭载以散装熟制食品加热为主的简易餐饮服务，按散装食品销售进行许可审查，有别于食品制售类（餐饮服务）经营项目，有效降低了连锁便利店等流通业态的开店成本，创新了食品流通监管模式，为连锁便利店等流通业态搭载简餐服务提供了良好的政策环境。

4. 抓品牌化发展，提高服务品质

市商务委牵头建立了《北京生活性服务业品牌连锁企业资源库》。第一批确定了 173 家企业，涉及蔬菜零售、家政等 14 个行业（业态），拥有全市生活性服务业网点总数的 10% 左右。连续 4 年开展"北京品牌展示、发布、推介系列活动"，走进 20 余个社区举办"知名品牌进社区""北京品牌发布年度盛典"等活动，覆盖居民约 40 万人，进一步提高了企业品牌知名度。

市旅游委举办的 2016 北京礼物旅游商品大赛、2016 北京国际旅游商品及旅游装备博览会和市商务委在京交会上举办的老字号品牌国际保护论坛等活动，为老字号搭建了提升研发水平、加强宣传推介的平台，引导老字号企业加快创新发展。

5. 抓岗位技能培训，保证服务质量

市商务委制定实施了《关于开展生活性服务业岗位技能培训以奖代补项目的实

施方案》，首次将岗位技能培训支持范围从家政扩充到美容美发、洗染等其他生活性服务业行业。全年共支持完成1.7万人次的岗位技能培训，带动行业培训10万人次以上。继续开展以赛代训，提升岗位技能活动。以"提升服务品质，服务首都发展"为宗旨，以"技能成就梦想，服务创造价值"为主题，开展了第六届商业服务业服务技能大赛活动，设置了16个竞赛项目。2016年全市共有4.5万多家企业门店、37万人次参加第六届商业服务业服务技能大赛活动。

市民政局积极组织开展养老服务人才培训、养老护理员鉴定工作，共培训管理和专业技术人员1110人次、养老护理员1400人次，养老护理员通过职业能力等级鉴定953人。

市人力社保局建立京津冀家庭服务职业技能大赛工作机制。首届大赛于2016年5月启动，涉及养老护理员、家政服务员、育婴员三个工种，全市共有30名选手参赛，10名选手获奖。

6. 抓政策和资金聚焦，加强生活性服务业投入

市商务委从政策上予以倾斜，资金予以聚焦，在市财政局的大力支持下，商业流通发展专项资金和中小企业发展专项资金把提高生活性服务业品质作为重点支持方向，2016年共计投入财政资金1.8亿元，重点支持了一批移动互联网、云计算、物联网等与生活性服务业相结合的示范项目，涌现出了一批基于移动互联网的O2O大型连锁生鲜超市、洗衣、家政、再生资源回收，以及"互联网+社区商业"综合服务等"互联网+生活性服务业"的新模式。新建了百万庄百姓生活服务中心等10家规范化社区商业便民服务综合体项目。全市累计28家便民服务体基本涵盖了餐饮、生鲜便利、家政、修理、洗染、美容美发、代收代缴等7种便民服务业态，同时还具备预约服务、上门配送等拓展服务功能，受到周边居民广泛好评。同时不断创新财政资金支持方式，会同市财政局设立了总额10亿元的北京生活性服务业发展基金。2016年推动基金团队完成了7个项目、共1.44亿元的投资决策，带动社会投资约13.6亿元。

市社会办继续扩大"一刻钟社区服务圈"覆盖面，推动社区服务"十大覆盖工程"，不断丰富服务项目，完善服务设施。2016年全市共建成106个"一刻钟社区服务圈"，超额完成任务目标，累计建成1342个服务圈，覆盖2540个社区，覆盖率达到84%，惠及1569万社区居民。新建成的106个服务圈，区、街道（乡镇）自筹资金投入2070万元。

市农委按照《农业部办公厅关于印发农业电子商务试点方案的通知》要求，开

展农业电商试点工作。推荐"基地+城市社区直配模式"、"批发市场+宅配模式"等14个项目开展农业电商试点,探索促进本土农产品优质优价销售的新途径。

7. 抓区域协同发展和对外开放,提升服务水平

市商务委联合津冀商务部门启动编制《环首都1小时鲜活农产品流通圈规划》,该规划将在京津冀范围内对政府投资机制、农产品供给模式、市场融资方式等方面进行创新。

市发展改革委牵头编制《北京市落实京津冀农产品流通体系创新行动工作方案》,计划三年内基本建立与京津冀区域大流通相适应的、安全稳定和创新高效的首都农产品流通体系,促进全市生活性服务业品质提升。

市人力社保局加强京津冀家庭服务业劳务协作机制建设,截至目前共遴选50家河北培训机构作为北京市场家政服务员培训输送基地,组织6次京津冀家庭服务劳务对接暨招聘洽谈活动,累计向北京市场输送家政服务员5500余人。

截至2016年底,《北京市服务业扩大开放综合试点实施方案》确定的3年期141项任务已完成113项,完成率达80.1%;形成40项开放创新举措,创新率达28.4%,率先构建与经济发展新常态相适应的服务业发展格局。同时餐饮、文体娱乐等生活性服务业成为引资亮点,2016年生活性服务业新设外资企业106家,同比增长27.7%。

8. 抓统筹,做好市场疏解和便民服务工作

为统筹解决非首都功能疏解与市民基本公共服务保障,市商务委向各区下发了《关于统筹做好市场疏解和便民服务保障工作的通知》,要求在坚决疏解非首都功能的区域性市场的同时,要按照"升级为导向、建关相结合"的原则区别对待农副产品市场,要以规范、改造、升级为主,不搞"一刀切"。

市规划国土委会同市发展改革委起草了《关于非首都功能疏解腾退空间管理和使用实施意见》,引导疏解腾退空间优先用于补充完善城市功能短板;同时严格执行新版《北京市居住公共服务设施配置指标》,以民生需求为导向,保障新建社区商业配套设施与住宅建设同步实施、同步验收、同步交付使用,切实提高全市居住基本公共服务保障水平。

分 报 告

（三）各区积极行动，因地制宜推进《行动计划》有效落实

1. 城六区进一步探索创新，提高生活性服务业品质工作取得了新的实质性进展

东城区强化规划研究，出台了《东城区生活性服务业社区网点调研分析报告》、《东城区生活性服务业品质提升三年行动计划》及各街道生活性服务业配置规划，并印发《东城区生活性服务业发展专项资金管理办法》，建立专项资金用于推动东城区生活性服务业发展。通过疏建结合，整合服务资源，深入实施"互联网＋智慧民生"行动，综合提升服务保障能力。全年疏解商户3207户，腾退市场面积2.58万平方米，腾退空间将主要用于生活性服务业品质提升功能；引导东单菜市场建成功能集约的社区商业便民服务综合体；大力推广O2O直营店线上线下融合发展，建立了东单菜市场"悠惠生活馆"O2O模式。截至2016年底，东城区电子商务综合平台社区覆盖率达到65%。

西城区按照"坚持精明增长，建设紧凑城市"理念，率先开创了一站式、多业态、强服务的百姓生活服务中心模式。按照"零距离、云服务"理念，创新"互联网＋智慧生活"模式。引导支持"国安社区"、"e资源"、易家修社区O2O便民维修平台等项目进驻社区，激发新兴消费，提高了生活服务便利化与精细化供给水平。率先实施生活性服务业提升与非首都功能疏解协同推进，将地下群租房、开墙打洞专项整治和"五化"生活性服务业网点及百姓生活服务中心的布局建设统筹考虑。引导、支持右安门王府井、长安商场等大型商业向社区型购物中心转型发展，满足社区消费升级新需求。

朝阳区在推动非首都功能疏解任务时，对农副产品市场主要以规范提升为主，推动博爱伟业、小关北里等12家有形市场转型升级为生鲜超市等民生项目。研究出台《朝阳区推动生活性服务业品质提升三年行动计划》，推动示范性品牌化发展，引领服务品质稳步提升。引导支持京客隆等企业，对接农副产品市场调整造成的供应空白，新建改造生鲜超市、社区菜店等各类蔬菜零售终端60个。鼓励荣昌e袋洗、惠民网、爱鲜蜂等生活性服务企业创新发展"互联网＋餐饮、洗染、美发、家政"等新型业态业种。探索社区物流最后100米承载新模式，建设社区服务平台、智能自提柜（箱）、电子收发室、搭载服务四种模式末端配送网点196处。

海淀区加强菜篮子网点建设，按照"一刻钟社区服务圈"等工作要求，统筹布局菜篮子网点。鼓励连锁超市开办蔬菜早市，目前全区有蔬菜售卖功能的134处超市网点中已有50处提供蔬菜早市或早间蔬菜促销等服务。组织辖区蔬菜零售企业成立"蔬菜联采联盟"，与远郊区和津冀地区优质蔬菜产地对接，通过集中联采、产销对接等手段，大力发展"农超对接"、"餐超对接"等模式，实现了菜篮子"安全、平价、可追溯"的目标。为加快推进配套商业网点回归便民服务功能，梳理出商业网点（原粮店、副食店）202处，已回收50多处，正按计划逐步回归菜篮子功能。

丰台区按照"摸清底数、夯实基础"的思路，通过开展全区生活性服务业资源调研，形成了全区生活性服务业资源基础台账和现状分析报告。在此基础上结合"一刻钟社区服务圈"建设，以菜篮子、早餐、绿色回收三大工程为抓手优化社区商业网点布局，建成6家一站式"丰台优品"便民生活中心，蔬菜零售网点超900个，其中规范提升占比近50%。鼓励市场主体创新业态模式，引导资和信百货等传统实体商业实现转型升级，通过"互联网+"推动电子商务在农产品、花卉等区域传统优势资源产业的应用。开展"品质生活在丰台"、"丰台生活性服务业名优品牌评选"等活动，营造生活性服务业创新发展的良好氛围。

石景山区支持家事无忧、物美等一批生活性服务企业发展，培育建设一批连锁化典型示范项目（网点），带动各项重点任务全面落实。优化早餐市场，全面完成首钢早餐亭（车）清退收尾和"西多士"餐饮车善后处理工作，继续推动固定门店式早餐示范店及便利店搭载早餐服务模式发展。

2. 通州城市副中心及其他各区因地制宜，提高生活性服务业品质工作取得了突破性进展

通州城市副中心以增进居民便利、适应消费需求为主线，以着力增加有效供给、提升服务质量、改善消费环境为重点，大力发展与通州城市副中心定位相适应的生活性服务业。有效落实《通州区早餐示范工程建设试点工作方案》，确定14家企业为通州区早餐示范工程主体企业，在全区范围内全部清退早餐车，实施退路进店。通过拍摄"通州商业记忆"专题片，推介"通州小兵"等微信公众号，弘扬老字号特色商业文化，鼓励老字号企业强化智能运营体系建设，加快电子商务发展。倡导诚信经营，改善营商环境，重点打造云景东路"百城万店讲诚信"示范街和贵友、蓝岛（通州店）等16家诚信经营示范店。

顺义区在全区"十三五"商业服务业发展规划中将生活性服务业作为基础领域

优先发展，研究起草了《顺义区提高生活性服务业品质行动计划》、《顺义区生活性服务业品质提升专项资金使用和管理办法》，制定出台了《顺义区促进电子商务产业发展办法》。大兴区研究制定了《大兴区2016年生活性服务业品质提升工作参与企业指导标准（试行）》，提出全区生活性服务业发展重点与支持标准，强化了标准引领作用。昌平区探索新型蔬菜流通发展模式，设立多种形式的蔬菜直营店，运用互联网与社区店相结合的电子商务经营模式，提高生活必需品流通效率。房山区印发实施了《房山区提高生活性服务业品质实施方案》，确定了四方面十项重点工作，区级资金加大了生活性服务业的支持力度，开展了社区便民商业网点调查工作。门头沟区印发实施了《2016年门头沟区提高生活性服务业品质行动计划》，开展了9镇4街生活性服务业网点调查，组织开展了2016年"食在门头沟"餐饮技能比赛。平谷区对城区30个社区的8项基本便民商业网点分布情况进行摸底调研，积极与有规模、有经验的连锁企业协调沟通填补商业空白，同时加快推进商业便民服务综合体试点建设工作。怀柔区明确重点、精准建设，目前已基本形成"批发市场＋社区菜市场（农村集贸市场）＋社区菜店（乡镇菜店）"的三级蔬菜零售网络体系；积极推广蔬菜零售O2O模式，鼓励"菜园子网"等区内电子商务公司实现送菜上门服务，丰富居民的消费选择。密云区全力打造新城社区蔬菜零售5分钟便民服务圈，社区蔬菜网点覆盖率达97%，蔬菜零售5分钟便民服务圈达标率超过90%。延庆区从开展文明诚信宣传、打击侵权假冒、商品供应的日常监测和管理等方面加大力度规范消费品市场秩序，确保全区消费品市场运行稳定。

二、生活性服务业发展面临的机遇和挑战

生活性服务业直接关乎居民的衣食住行，是提升居民生活品质的出发点和落脚点。"十三五"时期，北京生活性服务业发展挑战与机遇并存。

（一）生活性服务业发展面临的机遇

随着新兴消费需求增加，居民对服务品质的要求不断提高；"互联网＋"为生活性服务业的发展创造了契机；根据首都功能定位，北京构建"高精尖"经济结构和产业布局，亟待形成高端引领、创新驱动、绿色低碳的产业发展模式。以上背景为生活性服务业的发展带来了新的机遇。

北京商务发展报告(2017)

1. 首都战略功能定位,为生活性服务业"稳中提质"奠定了基础

按照京津冀协同发展的战略要求,基于建设国际一流和谐宜居城市的功能定位,首都生活性服务业面临重要的发展机遇。

北京高品质资源要素集聚,对提升高层级消费服务功能,建设区域消费中心城市,加强与津冀地区的功能互补和生活性服务业协作,发挥着重要的作用,有助于释放居民消费潜力。围绕着建设"宜居之都"的目标,北京将发展国际一流的生活性服务业,进行多样化、有重点的产业组织结构布局;提高管理水平,加强质量安全与卫生的监控;引导网络购物等新模式,为提高生活性服务业的品质、提升居民的生活质量奠定了基础。

2. 新兴消费趋势,推动生活性服务业特色化发展

北京服务业占比高,服务性消费在总消费中占比达到45%,消费环境持续向好,生活性服务业前景广阔,品质消费、绿色消费已成趋势。北京出台《提升生活性服务业品质促进消费增长措施》、《关于进一步促进连锁经营发展的意见》,优化了生活性服务业经营发展环境,激发了消费增长和促进生活性服务业特色化发展的内生动力。

3. "互联网+"技术,为生活性服务业跨界融合创造了条件

在"互联网+"的背景下,"云大物移"技术的快速发展,推动电子商务创新发展与传统生活性服务业转型发展。以"互联网+生活性服务业"为特征的新型服务模式,对提升生活性服务业的便利化、网络化程度创造了契机。

北京积极探索生活性服务业与社区养老、科技、金融等产业的跨界融合,制定跨境电子商务支持政策,建立跨境电商O2O直购体验店,通过创新合作模式、拓展服务功能,积极拓展新兴消费市场。

(二)生活性服务业发展面临的挑战

目前,北京生活性服务业发展取得了一定的成效,但仍面临诸多挑战。随着非首都功能疏解工作的推进,北京生活性服务业发展任务更加紧迫。在经济新常态背景下,北京生活性服务业亟待解决有效需求乏力与有效供给不足并存、传统比较优势减弱而创新能力不足等深层次矛盾,配套政策需要进一步完善。

1. 非首都功能疏解力度加大，便民商业网点建设任务更加艰巨

在"疏解整治促提升"专项行动中，许多区域性市场腾退后，有些将被改造为为便民商业网点。全市各区在制定疏解腾退空间管理和使用实施方案时，已设置了便民商业设施配置标准，但目前急需尽快投入建设、运营便民商业网点，及早补齐便民商业设施的不足，满足疏解腾退地区的民生需求。

2. 新常态背景下，传统生活性服务业面临增长动力重构和发展方式转换的挑战

当前，服务消费、信息消费、绿色消费、时尚消费、品质消费、农村消费等新型消费将成为首都经济发展的强大引擎，但传统的生活性服务业发展模式尚不能与之相适应，因此，生活性服务业企业亟需转型、升级，通过创新业态来满足百姓快速增长的新型消费需求。

3. 新兴业态发展迅速，监管政策不完善

"云大物移"技术与生活性服务业的融合，催生新兴业态，但生活性服务业的监管已经滞后于业态发展，下一步需要尽快修订完善相关的规章制度，建立适应生活性服务业发展的统计、动态监测机制，提高生活性服务行业科学化管理的水平。

三、推进生活性服务业发展的对策

大力提升生活性服务业品质，有助于满足居民多层次、多样化的消费服务需求。针对目前面临的机遇和挑战，北京生活性服务业要坚持集约高效内涵式发展，不断优化资源配置，提升生活性服务业运行效率；坚持发展与调整并行，加快结构调整和转型升级，推动生活性服务业的转型升级。

2017年市商务委将紧密围绕群众对改善民生的新需求，以生活性服务业品质提升为支撑，以供给侧结构性改革为主线，多措并举，扎实做好生活性服务业品质提升工作，满足居民消费"由温饱型向品质型升级、商品消费向服务消费转换"的需求[1]，不断提高居民幸福指数。

从供给侧推进生活性服务业发展的具体对策包括以下三个方面：一要加大制度

---

[1]北京市商务委员会主任,闫立刚。稳中求进,勇于担当,以供给侧结构性改革为主线,推动首都商务实现新跨越——在2017年全市商务工作会议上的报告。

北京商务发展报告(2017)

供给，搭建服务平台；二要创新供给模式，满足新型消费需求；三要增强要素供给，激发服务企业活力（如图4-1）。

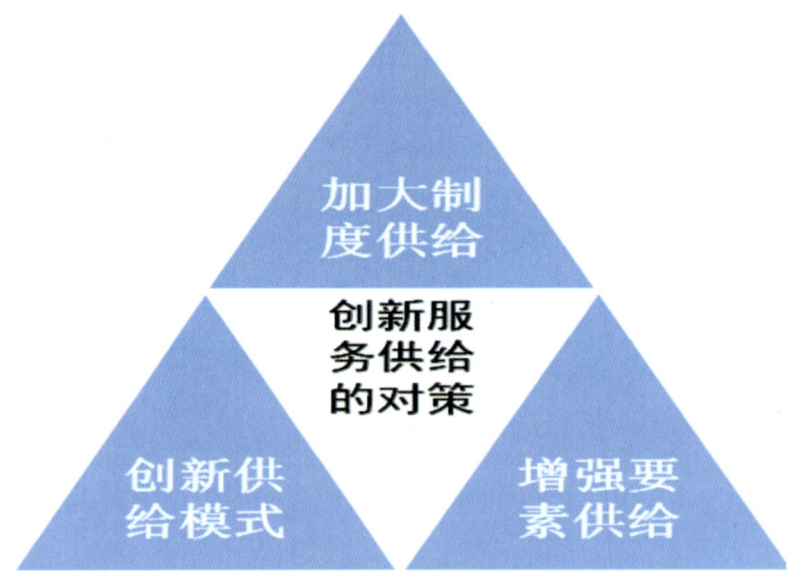

图4-1 从供给侧促进生活性服务业发展的对策

（一）创新制度和政策，搭建服务平台

政府要加快建设、完善生活性服务业服务平台，加强便民商业体系建设。

一要以首善标准推动生活性服务业规范化发展，加大行业标准规范宣贯力度。鼓励城六区和城市副中心制定实施高于全市的行业规范或标准，并尽快补齐首都非核心功能疏解后的供给短板。建立促进生活性服务业转型升级的配套政策，通过新兴业态带动产业链延伸，满足、创造新型消费需求。

二要健全服务民生的运营保障制度。研究制定《居住配套商业服务设施规划建设使用管理办法》，确保蔬菜零售等基本商业便民服务功能需求，完善微利经营、服务民生的运营保障办法。2017年拟新增为民办实事便民商业网点1000个左右，其中新建和规范提升200个蔬菜零售网点、200家连锁便利店、100个末端配送网点。

三是推动建立健全生活性服务业监管、统计平台，将新业态纳入到服务消费统计中。建设大数据、云平台为基础的生活性服务业监管服务平台。通过严格加强监管，完善绩效考核，推动公平竞争，营造安全、有序、文明的消费环境，有效保护消费者合法权益。

（二）创新供给模式，满足新型消费需求

积极培育生活性服务业新业态，创新供给模式，满足新型消费需求。

一是丰富服务内容、创新服务方式。促进新型商业模式发展，探索服务功能集成，深化开放合作，引导业态转型升级，围绕服务消费、信息消费、绿色消费、时尚消费、品质消费等新型消费需求，增加服务内容，充分发挥北京生活性服务业品牌连锁企业资源库导向作用，支持企业为市民提供多样化的消费选择和规范化服务。

二是推进生活性服务业跨界融合。首先，要推进"互联网+生活性服务业"。推动社区电子商务发展，创新生活性服务业态和商业模式，实现在线交易、线下配送等精准化服务，鼓励线上线下、功能集成的融合发展，提升居民消费体验。利用好互联网、大数据、云计算等推动生活性服务业业态创新、管理创新和服务创新，开发适合不同群体的多样化、个性化服务需求。其次，要加强部门联动，促进商旅、商文、商民、休闲与生活性服务业领域融合发展。

三是建立特色街发展评价新体系。制定进一步加快发展特色商业街的指导意见。按照"市区共建、属地管理"和"成熟一个、挂牌一个"的原则，试点建设生活性服务业示范街区。在居民集聚区加快推进连锁服务和综合体服务，支持社区商业便民服务综合体和商业网点搭载服务等新模式，促进社区服务便民化、集成化。

（三）创新要素供给，激发服务企业活力

劳动力、资本、科技创新等供给侧要素是影响生活性服务业发展的重要力量。因此，创新要素供给，有助于营造良好经营环境，提升生活性服务业品质。

一是加强技术创新。鼓励跨领域的技术合作，重点扶持"互联网+生活性服务业"新模式，推动移动互联网、大数据、云计算、物联网与生活性服务业融合，引导企业化解过剩产能，提升服务品质；加速推进互联网向衣食住行等诸多民生领域的渗透，积极发展各类众创空间，培育一批"互联网+生活性服务业"综合示范基地和示范企业，引领全市生活性服务业向精细化和高品质转型。

二是提高生活性服务业从业人员的服务能力。搭建好培训平台，推动行业培训集约发展、内涵发展、融合发展，继续推进"人才培养与岗位技能培训工程"，完善政府、协会、企业多方参与的多层次培训体系，健全生活性服务业从业人员岗位技能培训机制，通过"引进与培养"相结合的模式，加快人才培养与岗位技能培训

工程的实施进度，提高从业人员的服务水平，持续开展服务技能大赛活动，提高全行业从业人员的素质和水平，提升生活性服务业服务质量。

三是引导社会资金共同助推生活性服务业品质。首先，加大财政资金投入，优化资金使用方式，用好生活性服务业发展基金的投资引导平台，培育、建设典型示范项目，北京将连续3年每年安排约2亿元政府固定资产投资，用于补助商业便民服务设施项目。其次，支持社会资本投资发展生活性服务业，推动投资主体多元化，引导、带动更多企业投资商业便民服务设施的建设运营，助推生活性服务业的发展。

第五章 北京商贸流通服务业发展报告

一、商贸流通服务业发展概况

（一）商贸流通服务业非首都功能疏解取得明显进展

1. 商品交易市场调整疏解成效显著

北京非首都功能疏解清退步伐加快，且成效显著。2016年，北京市拆除清退市场117个，拆除清退建筑面积160万平方米，清退商户2.8万户，涉及从业人员8.8万人。疏解物流中心32个，腾退物流仓储面积34万平方米。向京外转移中低端服务外包业务，全市服务外包企业在津冀设立分支机构22家，15家重点企业在全国设立128个分支机构。其中，列为重点地区的西城动物园地区12个批发市场累计完成疏解7个，朝阳雅宝路地区15个批发市场累计完成疏解6个，丰台大红门地区45个批发市场累计完成疏解33个。

2. 京津冀区域协同联动发展向纵深推进

2016年，北京市加快推进京津冀协同发展，在津冀两地新增连锁商贸企业52个门店，2个配送中心和5个生产基地。"环首都1小时鲜活农产品流通圈"布局规划和区域冷链物流体系建设进一步推进。农产品流通企业借助京津冀协同发展平台，在津冀建设农产品生产基地。成立京津冀物流标准化联盟，北京市36家企业成为物流标准化试点企业。签署并推进三地商务部门一揽子合作项目26个。举办京津冀携手香港开拓"一带一路"投资贸易项目洽谈活动，150余家企业与部分"一带一路"沿线国家地区开展合作对接。2016年，北京市场一体化程度持续提高，京津冀区域协同发展不断深化。

（二）商贸流通服务业结构进一步优化升级

1. 连锁经营向快速特色发展

北京连锁经营进一步发展壮大，连锁服务网点总数快速增加。2016年，北京市建设社区商业便民服务综合体10家，新增连锁便利店205家。完成一刻钟服务圈106个，累计达到1342个，覆盖2540个社区，覆盖率84%，惠及1569万居民。连锁超市、便利店、老字号企业在京郊及全国各地新增加门店近200家。连锁超市经营生鲜农产品精细化、品牌化、特色化特点更加突出，搭载便利餐、半成品、进口商品和自有品牌商品以及线上线下服务的超市门店数量增加，京客隆、超市发、首航国力等超市新开生鲜超市等新型业态15家，经营效益不断增长。"2015中国连锁百强"榜单显示，国美电器有限公司、物美商业集团股份有限公司、王府井集团股份有限公司、北京迪信通商贸有限公司、北京京客隆商业集团股份有限公司、北京菜市口百货股份股份有限公司、北京超市发连锁股份有限公司等15家本市企业榜上有名。

2. 农产品流通体系建设加快推进

北京"菜篮子"双核保障体系稳步推进，社区菜市场、连锁社区菜店、连锁生鲜超市等规范化、连锁化蔬菜等零售网点加快建设。2016年，鲜活农产品流通中心项目完成土方施工和50%的地下结构工程建设。完成新建和规范提升规范化蔬菜零售网点415个。2016年物美、京客隆、超市发、永辉、华冠、家乐福等14家超市农超对接果蔬农产品直采规模达到32万吨，同比增幅超过15%。

3. 老字号营销模式创新传承

通过开展非物质文化遗产日活动，丰富了非遗保护内容，提升了活动效果。2016年，以"原汁原味北京老字号、找寻儿时的美好回忆"为主题，整合入驻京东商城的全聚德、百花蜂业、内联升等19家北京老字号品牌旗舰店，利用京东商场首页焦点图等资源位进行集中促销活动，点击量超6.5万次，引入订单2916个，订单金额160余万元。

（三）电子商务实现快速融合发展

1. 北京市电子商务发展水平持续领先

北京市为国家电子商务示范区，是华北地区电子商务的核心城市。目前北京市从事电子商务的主要网站发展水平持续领先。2016年，北京市限额以上批发零售企业网上零售额2049亿元，同比增长20%，占全市社会消费品零售总额的比重达到18.6%，对社会消费品零售总额增量的贡献率为51.2%，拉动社会消费品零售总额增长3.3个百分点。

2. 电商规模发展格局日渐形成

北京市开展跨境电商消费体验季，实现跨境电子商务模式优化。组织20余家跨境电商企业入驻实体商家，开展体验式促销，吸引回拉境外消费。北京市电商集群化发展格局日渐形成。截至2016年底，全市开展网上零售的限额以上批发零售企业共有381家，比2015年新增33家。形成龙头电商和骨干电商稳定增长，中小电商特色化、专业化快速发展的集群格局。

3. 实体企业与电子商务创新融合趋势明显

2016年，北京新建跨境电商O2O直购体验店15家。朝阳区积极转变方式稳增长，为全市稳增长作出积极贡献，门头沟、密云、延庆等区结合区域优势，加快扩大旅游文化消费。同时，社区商业实体企业与电商平台融合发展，推动老字号利用互联网创新发展。北京在全国首次建立并试行总消费统计制度。

（四）打击侵权假冒工作成效显著

2016年，继续保持对侵权假冒的高压态势，在行政执法方面，全市行政执法部门对侵权假冒行为共立案4773件，同比增长18%；办结案件4207件，同比增长4.7%；涉案金额7735万元，同比增长20.9%；捣毁制售假冒伪劣产品窝点113个；移送司法机关涉嫌犯罪案件59件，同比增长103.4%。在刑事司法方面，公安机关共破获侵权假冒案件725件，抓捕犯罪嫌疑人686人，涉案金额9.3亿元。检察机关共批捕侵权假冒案件154件，涉案犯罪嫌疑人186人；审查起诉案件376件，涉案犯罪嫌疑人443人。审判机关共受理侵权假冒刑事案件368件，审结383件，生效判决人数465人。互联网领域侵权假冒行为治理、农村和城乡结合部市场监管执法、中国制造海外形象维护"清风"行动等重点领域专项治理取得较好效果，京津冀协作、两法衔接、信息公开等长效机制进一步健全。

北京商务发展报告(2017)

二、商贸流通服务业存在问题及原因

(一)商品交易市场非首都功能疏解任务仍然艰巨

首先,北京市拆除清退的市场商户和从业人员离京意愿较低。数据显示,区域性批发市场中93%的商户老板、90.8%的员工来自外地,73%的商户老板、71%的员工不愿意外迁。其次,承接地建设相对滞后。外省承接地交通、教育、医疗、产业等配套设施以及市场商气等方面条件与北京相比有很大差距,改善和完善需要几年或更长的时间。第三,央企产权的市场疏解难度大。部分央企产权单位认为政府提出的疏解是市场和商户之间的合同解除关系,产权单位不愿意介入其中,属地政府在推动央企产权单位进行市场疏解方面存在困难。第四,远郊区承接中心城市场疏解意愿低。北京市区域性市场除了需向周边省市疏解外,还有部分位于中心城区的市场(服务北京市民的市场)应向远郊区疏解。但远郊区由于担心人口数量指标的压力,不愿意承接中心城市场疏解转移。此外,由于各区的产业发展定位目前还没有确定,能承接哪类市场仍需深入研究。第五,市场调整疏解工作机制运行还不够顺畅。

(二)蔬菜零售终端供给与消费需求缺口较大

2016年,北京市各区积极推进社区菜市场、连锁社区菜店、连锁生鲜超市建设,新建和规范提升规范化蔬菜零售网点共计415个。同时研究制定了社区菜市场、生鲜超市、超市搭载售菜、社区菜店、蔬菜直通车等蔬菜零售终端的行业规范。但就目前供应量满足北京市民消费需求的现状来看,仍存在较大缺口,社区蔬菜零售网点尚属空白。因此,北京市农产品流通体系建设仍需持续深入推进,努力加快鲜活农产品市场转型升级工程建设,持续规范蔬菜零售行业。

(三)共享经济下"互联网+商贸流通"建设仍存短板

目前,北京积极推进商务领域诚信建设,提升服务品质。2016年,北京市与商务部市场秩序司联合主办"全国诚信兴商宣传月暨信用消费进万家主题日活动",鼓励线上线下商业企业和金融机构积极开展信用消费活动,打造新的消费时点。但在规范电商税收、电子诚信等方面还缺乏有力的制约。同时，由于大多数商贸流通企业缺乏供应链管理理念与手段，在商贸流通的生产商、供应商、零售商与消费者等环节之间，往往缺乏沟通与信任，相互之间的信息共享程度不高。

（四）传统实体商贸企业发展放缓

新常态下，受经济增速放缓、人口红利减退、要素成本提高等影响，北京商贸流通服务业中的传统实体商贸企业受到冲击比较明显，运营成本大幅增加，使得企业开店速度和赢利有所波动。

（五）连锁经营便民体系尚不完善

2016年，北京新建和规范提升各类便民商业网点1700个，全市网点连锁化率提高5.2个百分点。制修订11个行业（业态）的24个规范，在全国率先初步建立标准规范体系。开展岗位技能培训，带动行业培训10万人次；举办37万人次参与的商业服务业服务技能大赛。北京连锁经营便民服务体系建设取得一定成效，便民服务品质持续提升。但从现有连锁经营网点来看，仍存在不完善、效率低、品质低等问题。在"互联网+"背景下，电子商务与连锁经营实体企业的融合发展仍需优化，以提升服务品质，规范便民体系。

三、商贸流通服务业发展环境分析

（一）政策环境

北京商贸流通服务业的健康发展得益于良好的政策和制度支持。"十三五"期间，以供给侧结构性改革为主线，北京市制定发布了《"十三五"时期商业服务业发展规划》《"十三五"时期农产品流通体系发展规划》《关于2016年度支持新建或规范便民商业网点项目的实施方案》《关于进一步促进连锁经营发展意见》《北京市商业设施空间布局规划研究》等政策文件。为有序推动市场调整疏解，北京市建立了市商务委与各区政府和区商务委之间的市场调整疏解工作机制、京津冀三地商务部门对接协作机制、联席会议制度；出台《关于建立"疏功能控人口促发展"一般性转移支付引导政策的意见（试行）》，提供资金支持政策；与河北省商务厅

北京商务发展报告(2017)

制定《河北省承接地批发市场建设工作方案》，承接批发市场建设工作；印发《北京市农产品流通产业发展基金管理办法》，完善农产品流通产业发展基金管理制度；按照《北京市提高生活性服务业品质行动计划》安排，组织各区推进社区菜市场、连锁社区菜店、连锁生鲜超市等规范化、连锁化蔬菜零售网点建设，为北京市商贸流通的优质发展营造了良好的政策环境。

（二）经济环境

2016年，北京市实现全年总消费突破2万亿元，同比增长8.1%，消费对经济增长的基础作用更加突出。同时，首都居民消费结构转型升级趋势愈加明显，消费供给品质不断提高，可持续发展动能不断积蓄，北京市先后出台《提升生活性服务业品质促进消费增长措施》《关于鼓励传统商业连锁企业开展促消费工作的通知》等文件，引导绿色健康消费理念，营造良好的消费氛围，拉动消费增长。另外，北京市网上零售的限额以上批发零售企业共有381家，比2015年新增33家。网上零售额亿元以上企业共76家，其中百亿以上的4家、十亿至百亿的11家、一亿至十亿的61家，比2015年新增27家。全市实现网上零售额2049亿元，同比增长20%；占全市社会消费品零售总额的比重达到18.6%；对社会消费品零售总额增量的贡献率为51.2%。北京商贸流通服务业所处经济环境持续乐观。

（三）社会文化环境

作为我国首都城市，北京社会文化环境优越，不仅承办多项国际赛事和会议，而且自身兼具历史悠久的文化底蕴。2016年北京成功举办第四届京交会，接纳国家和地区126个，到会客商累计17.1万人次，同时聚焦"一带一路"战略契机，达成意向签约额1010.8亿美元。此外，北京特色商业街、中华老字号知名度和影响力，也为北京商贸流通发展提供了优越的社会文化环境，从国际层面大幅提升了吸引力和实效性。

（四）科技环境

北京市在推进郊区现代流通网络建设方面已取得较大进展。通过引导郊区企业与大型电子商务企业合作或自行研发相结合的方式，建立电商旗舰店、网上商城和移动客户端APP等多种线上渠道。2016年，郊区现代流通网络总销售额达到18亿元。科技环境的飞速发展和不断完善为北京商贸流通服务业的发展作出了巨大贡献。

（五）地域环境

北京市地域环境优势显著。目前，北京不仅处于京津冀协同发展的规划建设，还与我国多个省市建立区域合作平台。2016年，北京与陕西、甘肃、青海、拉萨等地政府合作在北京举办20余场特色产品展销活动，为各地商品进入北京搭建对接平台。组织北京商贸企业与云南、山东、黑龙江、河北等地实现产销对接，为丰富北京市民的"菜篮子"和"果篮子"，发挥了良好的地域环境优势。

四、商贸流通服务业发展对策

（一）积极推进非首都功能疏解与提升

1. 强化非首都功能疏解力度，充分利用腾退空间

北京应严格落实"疏解整治促提升"专项行动任务，明确新增产业禁限目录，研究制定市场和物流中心疏解提升工作方案。疏解提升市场120个、物流中心55个，完成动物园地区、大红门地区、天意、永外城等批发市场的撤并升级和外迁，基本完成官园、万通、雅宝路地区等批发市场的调整疏解和升级改造。进一步健全统筹疏解的工作机制，充分利用腾退空间，积极引导连锁品牌生活性服务业企业进驻。发挥政策引导作用，加快服务外包企业津冀布局进程，推动服务外包行业在疏解中提升。

2. 全面推动京津冀区域商务协同发展

北京应全面落实京津冀协同发展战略，充分发挥京津冀物流标准化联盟作用，推动区域内供应链上下游企业，扩大托盘循环共用规模，促进企业降本增效。继续推进"环首都1小时鲜活农产品流通圈"建设，启动物流设施建设项目5个以上。推动北京市连锁品牌企业在津冀两地开设新店50家。以协同开放促进区域发展，结合京津冀各自产业优势和特点，推进京津冀产业链协同开放，探索开放政策交叉共享，拓宽试点改革创新受益面。推进区域通关一体化改革，探索京津口岸直通新模式。推动跨区域执法协作和信息共享，深化打击侵权假冒区域合作机制。

(二)完善农产品商贸流通体系建设

1. 进一步促进农产品流通"双核"功能

北京市应继续重视农产品商贸流通体系"双核"功能建设,指导新发地市场启动转型升级工程建设,疏解非核心功能、扩大区域合作;推进北京鲜活农产品流通中心加快建设,指导其研究制定项目运营方案;进一步发挥农产品流通产业发展基金的作用,培育发展农产品流通龙头企业;推广实施蔬菜零售行业规范。

2. 积极加快蔬菜零售终端建设

北京市应继续组织新建和规范提升蔬菜零售网点,新增为民办实事便民商业网点1000个左右,其中新建和规范提升200个蔬菜零售网点、200家连锁便利店、100个末端配送网点。研究制定《新建住宅小区商业配套设施使用管理办法》,确保蔬菜零售等基本商业便民服务功能需求,完善微利经营、服务民生的运营保障制度。建立特色街发展评价新体系,制定进一步加快发展特色商业街的指导意见。按照"市区共建、属地管理"和"成熟一个、挂牌一个"的原则,试点建设生活性服务业示范街区。继续推进蔬菜直通车进社区,填补社区蔬菜零售网点空白,补齐民生供给短板,满足北京市民的需求缺口。

3. 落实"一带一路"战略下区域性产销对接合作

北京市应该充分落实推进实施"一带一路"等区域协调发展总体战略,积极参与地区商务合作发展,组织好北京商贸企业参加在北京和外埠的特色产品洽谈对接活动,做好区域性商务合作和农产品产销合作,扩大北京在外埠安全农产品的直采规模,扩大农产品在外埠骨干合作社合作,试点建设北京商贸企业在外埠农业基地,实现农超对接订单生产,提升北京安全农产品的稳定供应水平。北京应积极搭建安全农产品采购和销售平台,提升北京名优和安全农产品供应水平和消费层次。

(三)加快商贸流通服务业创新性结构转型

1. 深入供给侧结构性改革,全面提高商贸流通品质

北京市应深入调整供给结构,促进转型升级,积极推进商贸流通服务业新兴业态发展,全面提升各业态品质。贯彻落实《关于进一步促进连锁经营发展的意见》,

支持品牌连锁企业进社区，鼓励传统商业企业连锁化发展，引导骨干连锁企业多模式发展。鼓励实体零售创新转型，由销售商品向创新生活方式转变，做精做深体验消费。扩大直营连锁规模，鼓励传统商业企业广泛应用互联网探索新兴业态。引导郊区骨干企业发展加盟店铺，由传统批发零售向现代流通配送、电子商务转型。继续发挥电子发票试点规模效应，在骨干连锁企业推广应用。北京市应组织实施2017年物流标准化试点工作，制定"企业物流装备标准化评价规范"、"食品冷链宅配服务规范"地方标准，扩大试点企业规模，试点企业带板运输托盘占托盘总数的比重提高到10%左右。

2. 大力推动老字号创新传承和品牌发展

北京市应该多元化创新老字号宣传手段，综合借助传统媒体与互联网新媒体提升北京老字号品牌影响力。组织老字号"走出去"，利用各种政策，扩展国内外市场。支持老字号利用各种科技手段实现转型升级，支持老字号拓展线上线下市场，开展多种促消费活动，扩大特色消费规模，为北京市民提供更优质的服务和提升对消费市场的贡献。同时，北京市应加大知识产权保护工作，加强对老字号的商标、专利等自主知识产权的保护。

3. 积极贯彻节能减排政策，引导行业绿色发展

北京市应继续实施节能减排政策，引导绿色消费。编制流通领域节能减排标准，强化规范标准引领。继续开展节能减排绿色低碳示范项目试点工作，推动商业服务业节能降耗。北京市应推进绿色物流发展，鼓励更新使用纯电动物流车，降低物流运输环节的排放，探索铁路运输与城市物流配送相结合。落实好全市高排放老旧机动车淘汰更新实施方案，确保报废汽车拆解工作规范有序。北京市应继续落实《清洁空气行动计划》，组织实施京Ⅵ标准车用燃油置换，从2017年3月1日起北京市全部供应京Ⅵ标准车用燃油。

4. 培育"互联网＋流通"融合发展新动能

北京市应积极制定全市"互联网＋流通"行动计划落实方案，形成"互联网＋商业"和"互联网＋境内外"的融合发展格局。大力落实推进跨境电子商务创新发展实施意见，推动跨境电商规模化发展，支持开展保税展示交易业务，培育4家跨境电商产业园区，新开设10家以上跨境电商O2O体验店。北京市应出台并实施支持文化贸易发展的资金鼓励政策，推动对外文化贸易的发展。推动服务贸易示范基地建设，建立评估机制和基地重点企业动态联系机制。

5. 引导消费理念和消费方式转型升级

北京市应发挥流通供需衔接作用，精准施策，稳步扩大消费需求。开展总消费统计，形成商品消费和服务消费齐抓共促新方式。扩大旅游、文化、体育、健康、养老、教育培训等领域消费，提高商品和服务的供给品质，促进商品消费和服务消费均衡发展。继续推进离境退税政策实施，引导境外消费回流。开展各类品牌特色促消费活动，培育消费新热点，引领时尚消费生活方式。

（四）巩固连锁便民综合体系建设

1. 优化连锁便民网点和体系

北京市应与各区政府有关部门和企业共同抓好连锁便利店规范和社区商业便民服务综合体规范的宣传工作，支持示范店的评选，加大对规范网点的支持，引导完善、高效、优质连锁便利店和社区商业便民服务综合体建设。北京市应该推动社区电子商务发展，鼓励社区商业实体企业与电子商务平台融合发展，实现线上线下优势互补，以大数据为依托，实现在线交易、线下配送等精准化服务，提升市民消费体验。

2. 着力品牌连锁行业规范化、连锁化、融合化发展

北京市应以首善标准推动品牌连锁行业规范化发展，加大行业标准规范宣贯力度，鼓励城六区和城市副中心制定实施高于全市的行业规范或标准。完善推动品牌连锁经营的体制机制，网点连锁化率提高3个百分点左右。北京市应充分发挥北京服务业品牌连锁企业资源库导向作用，支持企业为市民提供多样化的消费选择和规范化服务。推进"互联网+品牌连锁服务业"，推动社区电子商务发展，实现在线交易、线下配送等精准化服务，鼓励线上线下、功能集成的融合发展。支持社区商业便民服务综合体和商业网点搭载服务等新模式。加强部门联动，促进商旅、商文、商民、休闲与生活性服务业领域融合发展。

（五）完善商贸流通服务业保障体系

1. 精益求精做好供应保障服务

北京市应加快推动新发地市场转型升级和北京鲜活农产品中心项目建设。继续

强化区域合作，完善农超对接等产销合作机制。早预测、早评估、早应对、早引导，做好生活必需品市场保供稳价。统筹推进重要产品追溯体系建设，制定分部门追溯工作方案，确定分部门负责的追溯品种。北京市应扩大肉菜追溯覆盖范围，肉菜流通追溯节点数分别达到1078个和1424个，推广"北京E追溯"移动终端查询服务。高标准、高质量做好党的十九大、"一带一路"国际合作高峰论坛等重要会议和重大活动的供应服务保障工作。

2. 优化法治化营商环境

北京应继续保持打击侵权假冒高压态势，进一步健全体制机制，推动互联网、农村和城乡结合部等重点领域专项治理，深化打击侵权假冒领域区域协作，完善京津冀协作、两法衔接、信息公开等长效机制建设。全力推进"双随机、一公开"监管改革和商务综合行政执法体制改革，提高综合执法能力。加强促销、零供关系、大宗商品现货交易市场检查与服务，落实单用途商业预付卡管理办法及实施细则，加大对应备未备发卡企业检查力度，增加备案企业数量。多措并举推进商务领域诚信建设工作。北京市应着力完善企业负责、职工参与、政府监管、社会监督的安全生产工作机制，形成行业安全生产齐抓共管新格局。将科技创新与商务工作相结合，提高商务领域互联网技术应用水平，完善市场信息监测服务体系，建设"互联网+政务"信息平台，全力打造首都智慧商务。北京市应围绕商务中心工作，突出重点、把握节奏，积极回应、主动引导，打造全方位、分众化、互动化商务宣传新格局。

3. 完善商贸流通服务业协同发展机制

北京应建议京津冀三地商务部门建立流通服务业协同发展协调办事机构，赋予该机构协调三地之间商贸流通服务业发展政策、扫除商贸流通服务业发展地区壁垒和为商贸流通服务业协同发展提供政策建议的职能。应建立包括北京市发改委、市商务委、市外办、市旅游局、市贸促会、各区县政府等多个单位在内的工作小组；建立工作协调机制，明确分工，按照部门职责，分解任务，落实责任；各区县政府发挥各自区域优势，制定相应工作计划，扎实推进，统筹推进"十三五"时期北京商贸流通服务业的发展。

第六章 北京电子商务发展报告

2016年，是实施"十三五"计划的开局之年。北京电子商务在过去的一年里坚持"促进网络消费稳定增长"，已成为首都经济增长的新引擎、产业升级的新动力、居民生活的新方式，在助力供给侧改革、推动线上线下融合、引领消费升级等方面发挥了重要作用。

一、电子商务发展概况

（一）电子商务企业集群发展

截至2016年底，全市开展网上零售的限额以上批发零售企业共有381家，比2015年新增33家。网上零售额亿元以上企业共76家，比2015年新增27家，其中百亿以上的4家、十亿至百亿的11家、一亿至十亿的61家。形成龙头电商和骨干电商稳定增长，中小电商特色化、专业化快速发展的集群格局。

（二）电子商务平台蓬勃发展

全市规模以上法人单位所属电子商务交易平台共有449个，全年实现交易额合计2.95万亿元，同比增长4.8%。年交易额上亿元的电子商务平台有166个，其中中国民航客票计算分销平台、国家电网公司电子商务平台、宝马中国等9个平台年交易额在1000亿元以上；联想电子商务、苹果官网、百度糯米网、汽车之家等22个平台年交易额在100-1000亿元之间；中煤商务、优酷、乐视商城、去哪儿网、大麦网等46个平台年交易额在10-100亿元之间；国旅在线、新东方、管家帮等89个平台年交易额在1-10亿元之间。

（三）网上零售增速回落，但仍保持较高增速

据北京市统计局数据显示，2010年至2016年，全市限额以上批发零售企业网上零售额由120亿元增至2049亿元，增长16倍；占社会消费品零售额的比重从2%增至18.6%。与此同时，随着电子商务的健康持续发展，网上零售增速逐渐回落，增速由2011年的150%，到2012年的99.8%、2013年的44.3%、2014年的69.7%、2015年的40.2%。2016年，北京市限额以上批发零售企业实现网上零售额2049亿元，同比增长20%，占社会消费品零售总额的比重达到18.6%，高于全国6个百分点，拉动社会消费品零售额增长3.3个百分点，对社会消费品零售额的贡献率为50.9%。

表6-1　2010－2016年北京市限额以上批发零售企业网上零售额统计表

年　度	零售额（亿元）	同比增长（%）	占全市社会消费品零售额比重（%）
2010	120		2
2011	298.7	150	4.3
2012	596.8	99.8	7.7
2013	926.8	44.3	12.8
2014	1456.9	69.7	16
2015	2016.9	40.2	19.5
2016	2049	20	18.6

资料来源：根据历年市商务委流通发展处工作总结、北京市统计局数据整理

（四）跨境电商发展初具规模

跨境电商持续快速发展。随着消费供给侧改革的深入及居民消费结构的升级，北京跨境电子商务持续快速发展。2016年，北京地区跨境电商零售进口（从北京口岸进口）88.8万票，较2015年增长5.7倍，价值3.37亿元人民币，较2015年增长8.4倍；跨境电商零售出口全年实现8.4亿美元。

持续优化跨境电商发展环境。2016年，市商务委牵头制定《北京市进一步推进跨境电子商务发展的实施意见》（京政办发〔2017〕24号），进一步明确了推进北京跨境电商发展的目标思路和重点任务；会同北京海关、北京国检局制定的《跨

境电子商务监管工作关检合作方案》，提升了通关效率。2016年北京市推进跨境电子商务发展工作小组举办跨境电商产业政策发布会等3期专题发布会，向企业深入解读产业促进政策，坚定发展信心、鼓励创新发展。认定首批6家（天竺综保区、中科电商谷等）中国（北京）跨境电子商务产业园，培育北京市跨境电商聚集发展格局。已建成较为完善的口岸和通关监管体系，形成了O2O直购体验、综合服务平台等多种经营模式。

不断提升跨境电商消费体验。截至2016年底，北京市共建成林德、聚优澳品、一指遥等15家跨境电商O2O直购体验店，比预期增加50%，扩大品质消费服务供给。开展跨境电商消费体验季活动，组织20余家跨境电商企业入驻实体商家，开展体验式促销，促进线上线下、内外贸易融合发展，提升消费者跨境购物体验，回拉外流消费。

（五）服务支撑体系完善

北京市共有8家电子认证服务机构，57家第三方支付机构，其中跨境电子商务第三方支付试点机构10家，数量均居全国首位。市商务委会同工商部门开通了12315消费纠纷快速解决绿色通道，成立了北京电子商务诚信联盟，电商诚信体系逐步完善。推广城市末端物流共同配送，全市末端配送网点260个、智能快件箱200组，日配送量超过4万单。跨境电商海外仓加快布局，国际物流体系不断完善，全市跨境电商企业在全球建设海外仓61个，其中，易单网建成海外仓20余个。

二、电子商务发展主要特点

（一）电商节庆促销作用明显

2016年3月北京市重点企业推出"春雷行动"开展春季大促活动，"6.18"和"8.18"演变为电商集体促销日，"双11""双12"电商节销售火爆，带动3月、6月、8月、11月和12月全市网上零售额同比分别增长20.8%、21.1%、25.6%、52.9%和33.1%，增速明显高出其他几个月，对消费品市场提振作用显著。移动端成为最重要的网上零售渠道，重点电商移动端下单量占比均大幅提高。

（二）"互联网+"促进新业态孕育成长

"互联网+老字号"持续发酵，老字号焕发新气象。全市 77 家限额以上老字号批发零售企业中，有 13 家开展了网上零售业务，商品涉及食品、茶叶、服装鞋帽和图书等，合计实现网上零售额 4.7 亿元，增长 43.7%。

传统零售领域，北京当代商城、西单商场、王府井百货等零售企业搭建 WIFI 服务平台，开展全渠道营销；工美、珐琅厂等老字号以及京客隆超市等，与电商平台深入合作，提升经营效益。

传统制造业领域，威克多、庄子等探索由传统工业制造向服务外包型销售企业转型，开展服装定制式、体验式线上线下销售服务，助力非首都功能疏解。

从互联网金融领域看，第三方支付、P2P 网贷、众筹等新兴业态迅速兴起。1-11 月，全市金融信息服务业实现营业收入 36.4 亿元，增长 72.1%；53 家取得第三方支付牌照的非金融机构支付服务业法人单位实现营业收入 118.2 亿元，增长 33.8%。银行、保险等传统金融机构纷纷进军互联网金融业务。据统计，约有七成以上的保险公司开展了互联网业务，商业银行开展的互联网金融业务包括电子银行、手机银行、直销银行、网络支付、自建电子商务平台等，电子银行交易替代率达到 70% 左右。

（三）生活性服务业品质不断提升

东单菜市场悠惠生活馆、中信国安等企业通过 C2B、O2O 等服务模式，整合各类便民业态，搭建生活性服务业综合服务平台；中商惠民通过 B2B2C 模式整合万余家社区便利店开展线上线下多元服务，便利社区居民消费；中粮我买网依托供应链资源优势，推广优质生鲜品全程冷链配送服务，满足居民品质消费需求；京东社区 O2O 服务平台"京东到家"，通过京东 O2O 与线下连锁便利店、商超生鲜、洗衣等社区资源合作，为消费者提供两小时生活半径快速送达服务。

（四）线上线下互动，多渠道扩大消费供给

主办 2016 电子商务大会，打造业内权威的高端化、国际化、专业化会展平台，实现签约额 30 亿元，比上届增长 76%。

举办品质消费在北京——2016 年跨年购物节，联合百余家企业开展惠聚全品

类、扩容全渠道的线上线下大型促销，进一步激发消费需求，培育品质消费热点。

开展京津冀农电对接。支持大道信通等电商平台与承德一三六农庄、天津武清绿翅集团等近20家涉农企业对接，探索产销直供流通模式。

实现国内外特色产品与电商企业的对接。不断提升居民消费品质，培育新的消费增长点，京东、国美在线、苏宁、当当、中粮等电商企业参加俄罗斯、新疆、河南、四川等国内外地区的特色产品推介会。

三、促进电子商务发展对策

2016年是实施"十三五"规划的重要一年，是供给侧结构性改革的深化之年，也是落实京津冀协同发展规划纲要的重要时间节点，北京市商务发展面临的困难和挑战增多。电子商务发挥着促进消费和经济增长的基础作用，通过优化服务供给刺激消费需求，以消费升级引领有效投资，释放内需潜能，从而促进消费与投资良性互动，推动经济增长动力转换。

（一）加快推进实体经济"互联网+"创新转型

制定全市"互联网+流通"行动计划落实方案，形成"互联网+商业"和"互联网+境内外"的融合发展格局。基于北京的高新技术资源，发展城市智慧商圈，拓展智能消费新产品新服务，进一步鼓励传统商业企业广泛应用互联网探索新兴业态，加快实体商业转型升级。

鼓励实体零售创新转型，由销售商品向创新生活方式转变，做精做深体验消费，着力提升供应链管理能力，实现全渠道经营。

鼓励发展分享经济新模式，支持发展协同经济新模式，指导支持各类电子商务创新创意创业大赛。

（二）积极推动"互联网+社区"服务模式创新

进一步推动社区电子商务发展，实现"互联网+社区"服务模式的创新，实体零售企业与电商企业优势互补，大力发展"新零售"。实现在线交易、线下配送等精准化服务，鼓励线上线下、功能集成的融合发展，支持社区商业便民服务综合体和商业网点搭载服务等新模式，加快推进智慧社区建设，逐步打造一批具有示范效应的社区电商品牌，不断提升居民生活品质。

打造"互联网+一刻钟社区服务圈"。推进基于移动互联网及基于位置的服务（LBS）定位技术，以传统超市为核心，主打超市周边地区极速送货上门服务，采用附近地区连锁商超提货，手机 APP、微信、电话等平台购买的方式，为居民提供生活用品、家用百货、生鲜食品的购买与配送服务，实现"互联网+一刻钟社区服务圈"。

（三）推进农电对接的"互联网+"新模式

组织电子商务企业进农村，加速推进电商平台农产品上行，扩大北京特色农产品的销售渠道，提升农产品的特色化、标准化和品牌化。组织京东、天猫、中粮我买网等大型电子商务企业与农产品专业合作社开展交流对接，拓展"互联网+大兴西瓜""互联网+昌平草莓""互联网+平谷大桃""互联网+怀柔栗子"等特色农产品"互联网+"电商销售渠道；引导农村企业和个人通过与大型电子商务企业合作和企业自行研发相结合的方式，推出电商旗舰店、网上商城和移动客户端APP 等多种线上销售渠道，提升当地农产品品牌价值，促进农民增收致富。

（四）打造基于"互联网+"的跨境电商生态圈

创新跨境电商业务的监管流程，进一步提升北京跨境电子商务公共信息平台功能，实现跨境电子商务进出口企业通关、物流、结税、退汇、金融等相结合的一体化服务，提高通关效率。优化跨境电商生态系统的组织架构。充分利用北京市跨境电商运营平台众多的优势，面向京津冀地区向上游辐射生产企业和供应商企业，向下游辐射批发商和终端销售企业，从而打造具有区域经济辐射力和一定水平的网络空间辐射力的骨干型跨境电商。

提升跨境电商的跨境物流运作水平。优化跨境物流业务流程，提高跨境物流与跨境电商的融合度。加强在海外仓储、多式联运、快速通关等核心业务上的资源投入，打造高效物流资源利用体系。

（五）加强京津冀三地电子商务产业的深度融合

优化京津冀三地电子商务产业功能定位，优化产业布局，与传统优势产业深度融合。借助互联网和信息技术，建立京津冀电子商务产业信息服务平台，集聚优化创新要素，推动京津冀三地创新要素与生产要素的互动、创新成果与产业需求的迅速衔接，优化市场资金、信息、人才匹配模式，提高科技创新和成果转化效率，提升京津冀协同创新效率。

搭建京津冀跨境电商综合服务体系。综合利用天津自贸区和跨境电商综合试验区的政策优势，北京市的智力和技术创新优势以及河北省的产业供应链优势，搭建京津冀跨境电商综合服务体系，为三地外贸进出口企业提供从国际市场开拓、订单处理、供应链金融、全球物流到人才培养的全产业链支撑服务。

推动环京津冀电商服务和物流一体化发展。在现有物流网络的基础上不断优化仓储布局，进一步提高物流服务能力，为商家以及社会提供一体化服务，使环京津冀地区的物流资源无缝对接，实现区域内一张物流大网一体化运行。

（六）建立电商大数据平台，打造电子商务行业信用体系

构建政府主导的北京市电商数据采集分析和应用服务平台，实现对电子商务发展数据的多维度、动态化和个性化的分析和应用，有效为政府行业管理、企业经营决策和社会创业创新等提供科学、全面、有效的大数据支撑。构建电子商务行业大数据监管云平台，集成每个电子商务主体的各种行为信息数据，通过大数据分析把各个电子商务主体的交易行为、物流行为、税务行为等一切行为都纳入监管范围中，及时主动地掌握各个市场主体行为模式，智能地实现信用评价、行为监管、主体监管以及客体监管等职能。以大数据监管为基础，完善面向各个主体的电子商务行业信用评价制度，打造电子商务行业信用体系。

第七章 北京总部经济发展报告

一、总部经济发展概况

（一）总部企业贡献突出

2016年，北京总部企业数量较去年增加70家，达到了4007家。2016年全年，占北京企业总数不足1%的总部企业，资产总计达到105.8万亿资产，同比增速达到17.1%，占北京市全市比重的86.9%；营业收入达到93841亿元，同比增速达到3.8%，营业收入占比达67.8%；实现利润23956亿元，同比增速达到0.9%，占比达88.7%。

（二）总部企业数量不断增加

2016年，入驻北京的58家总部企业进入世界500强榜单，占中国入围企业比重超过五成（52.7%），比上一年增加6家，连续四年位居世界城市之首。有101家总部企业进入中国500强榜单，占中国企业500强企业总数两成多（20.2%），实现营业收入占比近一半（47%）。北京入围企业营业收入占世界500强比重14.2%，占中国入围世界500强企业比重63.1%，实现利润占世界500强比重15.3%，占中国入围世界500强企业比重65.4%。

截至2016年底，北京4007家企业总部中，央企总部为1123家，市属国企总部636家，民企总部360家，外资总部562家，累计认定跨国公司在京地区总部161家。

北京总部企业控股法人企业1.2万家，各类分支机构近3万家，其中近六成企业和一半的产业活动单位分布在北京以外。北京总部企业在河北和天津共有876家控股公司，1948家产业活动单位，已超过了在上海和广东等经济发达地区的分支机构数。2016年新认定的六家跨国公司地区总部中,以服务业为主的地区总部5家。6家地区总部在华投资管理企业44家(其中在京企业16家),辐射我国15个省和地区。

(三)总部企业行业覆盖广,"高精尖"行业影响力大

入驻北京的总部企业行业覆盖广,主要集中在制造、贸易流通、信息传输、软件和信息技术、金融、租赁和商务服务、科学研究和技术服务等领域,形成以高端制造业和生产性服务业为核心的产业链。集中在第三产业的总部企业,占比达到总部企业总量的74.6%,其中,外资总部、国家级高新技术总部、金融和信息等生产服务业总部分别占全市总部企业总量的14%、20.6%和26.6%。

2016年,北京总部企业以资产和经济贡献排名,处于首位的是金融总部345家,年末资产99万亿元,利润总额1.4万亿元;年末资产和利润总额占比最大,分别占全市总部企业总资产的79.9%和利润的60%,为北京总部经济的发展作出巨大贡献。其次是管理型总部企业531家,年末资产9.1万亿元,全年实现利润总额占全部总部企业的17.1%,业务主要涉及投资和管理。第三位是信息总部企业481家,年末资产2.9万亿元,主要从事软件开发、互联网服务和电信服务等,有较强盈利能力,收入利润率高达35%。第四位是营销总部742家,年末资产2.8万亿元,全年实现营业收入3万亿元,占全市总部企业的32.3%,利润总额同比增长28.3%。第五位是制造业企业总部,年末资产1.4万亿元。第六位是研发总部334家,年末资产1.1万亿元,主要从事研发设计、管理决策、投融资、生产经营、市场营销、工程技术与规划管理以及新产品、新技术推广等相关技术活动。

北京4007家总部企业中,共有国家认定的高新技术企业1220家,比上年增加154家;资产总计3.1万亿元,同比增长41.4%;全年实现营业收入1.5万亿元,同比增长31%;利润总额1394.9亿元,同比增长14%;这些企业主要集中在制造业、信息服务业和科技服务业。

(四)企业分布集聚度高

约70%的总部企业集聚在海淀、朝阳、西城、东城四个区,空间集聚度较高。西城区是北京最大的金融企业集聚地,拥有总部企业499家,金融总部企业124家。

东城市区拥有营销总部企业90家，管理型总部企业73家，金融总部企业65家。海淀区总部企业数量达1052家，仅中关村核心区就拥有IT总部企业305家，研发总部123家。朝阳区总部企业数量达913家，其中外资及港澳台总部企业占341家，跨国公司在京地区总部112家。

（五）服务总部经济能力进一步提升

为了吸引更多的总部企业入驻北京，为已入驻企业提供更好的服务，进一步提高北京对总部企业的吸引力，相关部门采取了多种措施服务企业。

市领导、市政府副秘书长带队走访座谈调研97家（104家次）在京一级央企集团总部，与央企就"建立对接机制，搭建合作平台"，"深度融合、拓展合作、携手推进供给侧结构性改革"形成了共识。对60余家在京央企集团总部进行了市级总部经济发展政策宣讲，实现了良好沟通，并起草了进一步加强和改进服务央企在京发展的指导意见。

进一步修改和优化鼓励北京总部经济发展的政策，为总部企业提供了更多的资助和奖励，119家总部企业和1家中介机构获得247项奖励和补助；强化创新驱动，通过项目支持鼓励既有总部企业增设研发中心、投资中心、财务中心等功能性机构，培育和打造一批科技创新型总部经济集聚区，助力首都科技创新中心建设。

进一步优化总部经济发展环境，创造一个公平透明的发展环境，不断起草系列文件，完善法律和法规保障措施，先后起草《促进总部经济功能区发展的服务管理办法（试行）》《总部经济公共服务平台建设项目要求》和《重点总部企业遴选服务办法（试行）》等文件，做到有章可循，并初步建立总部企业、总部经济集聚区（发展新区）监测分析制度。

在第四届京交会期间，组织北京总部经济国际高峰论坛并取得丰硕成果，总部企业代表签署了跨界融合战略合作协议，发布了"总部企业北京共识"。

二、总部经济发展环境

总部企业的区位决策是企业内部优势与引资区位优势共同作用的结果，联合国贸易发展委员会的研究发现，跨国公司地区总部的选址大多考虑以下因素：①高素质国际化专业人才和优质教育资源，发达的生产性服务业，企业可以获得发展所需

北京商务发展报告(2017)

战略资源;②良好的区位优势、交通信息设施便于总部企业的组织运营管理;③良好的企业生产和生活发展环境等。作为一国首都的北京,正在努力建设成为全国政治中心、文化中心、国际交往中心和科技创新中心,在吸引总部企业入驻方面存在着天然优势,但也不可避免地面对着激烈的竞争。

(一)优势

1. 首都功能优势

作为一国首府,北京聚集了大量国民经济运行的管理者、监督者和政策制定者。与这些管理人员或部门的密切接触,可以获得大量政策信息,更好地把握政策走向以抢占市场先机;大量集中的各国使馆、国际组织驻华代表机构和外商机构等国际化资源使得北京成为重要国际交流中心;较大的国际影响力和较为完善的法制环境,为在京企业提供了国际化运营便利。

2. 基础设施优势

与生产企业相比,企业总部对基础设施要求较高,对信息和商品的流通更加敏感,希望区域的交通、信息设施配套齐全、辐射面广,能够保障地区总部管理和协调职能的高效完成,保证总部与分支机构间安全、有效、迅速的信息传输。

北京拥有较为便捷的立体交通网络,发达的铁路、高速公路、民航等多种交通网络将北京与世界连成一体。北京的铁路网络遍及全国主要城市,"一带一路"铁路中枢从北京出发,首都机场是亚太地区唯一拥有3个航站楼,3条跑道,双塔台同时运行的机场,并在努力构建城乡一体光网城市、移动互联无线城市和数据信息安全城市。北京设施先进完备的国际会议中心、展览中心、星级酒店、商务宾馆等为商务活动提供了充足的场所;现代的交通体系、便捷的通讯网络和丰富的外向性经济元素使得北京成为中国与世界的商品、资金、信息、资源和要素集聚地,为总部企业运行发展提供了坚实的基础。北京还可以提供较好的城市生活设施,政府充足的财力保证了对公共服务体系的持续投资,全国最好的教育、医疗资源集聚于此。

3. 良好的法制环境

北京的法律措施较为完善,执行过程较为规范,执法力度较强,较好地体现了公平、公正、透明原则,为总部经济发展创造了良好的法制环境。在知识产权保护方面，北京建立健全了科技成果转化机制，建立了较为完善的法律法规和专利保护机制，全国首家知识产权审判专业机构——北京知识产权法院于2014年11月6日正式挂牌履职。中关村国家自主创新示范区、国际商务中心区（CBD）、北京经济技术开发区和金融街等总部经济聚集地都为企业提供专项法律服务团，各区县司法局也结合自身功能定位，开展富有特色、形式多样的专项法律服务，为区域经济社会发展提供高效法律服务。北京不断加强与国际法规和惯例的接轨，大幅减少政府行政性审批环节，提高行政效率，设立绿色通道，为企业提供高效服务。

4. 良好的经济环境

北京较高的经济发展水平和发达的服务业成为吸引企业总部入驻的重要因素。

北京经济增长速度较快，2016年北京市实现地区生产总值24899.3亿元，比上年增长6.7%，全市人均地区生产总值为11.5万元，已达到中上等发达国家水平。较大的市场规模和较高的生活水平，既提供了充足的城市发展资金，使得整个地区经济发展充满活力和机遇，也为企业总部盈利和发展提供了充足的机会。

北京生产性服务业年均增速高于全市GDP增速，已形成生产性服务业主导的服务经济格局。第三产业占比达到80%以上，已达到发达国家水平。其服务业发展水平居全国首位，已成为全市经济增长的主要来源和动力。在北京集聚的大量高端制造业和高端服务业、信息服务业、商务服务业、金融业等生产性服务业竞争力居全国首位，对总部企业发展提供了有力支撑。

5. 良好的教育和科技资源

企业总部的运营不仅需要高科技装备的硬件环境，更需要大量的高端人才以实现其管理职能。北京的科技发展水平、人才供给、对高端人才的吸引力均居于全国领先地位，为企业总部运营提供了坚实的后盾。北京是我国科技和教育事业最发达的地区之一，聚集了大量优秀的人才和科研机构，科技实力十分雄厚，创新能力全国领先，拥有一批具有国际视野的拔尖创新人才和引领时代发展的学术大师和高质量优秀人才。它在教育方面具有其他城市无法比拟的优势，聚集了最好的大学和科研机构，师资力量十分雄厚，正在努力构建高层次全方位的教育开放新格局。除了本地培养的人力资源，北京先后制定并修订了《北京市吸引高级人才奖励管理规定》等系列文件，对于本市重点发展领域的高级人才按照对首都经济社会发展贡献程度给予政府奖励。

6. 优惠的发展政策

北京一直高度重视总部经济政策与企业总部需求之间的契合度，着力培育适合总部经济发展的市场环境，不断加强区域统筹，提高各类企业配套对接能力，充分发掘总部经济的溢出效应和集聚效应。2011年，北京就开始打造"两城两带，六高四新"创新和产业发展空间格局。六大高端产业区聚集了北京市90%以上的高新技术产业、80%的现代制造业、55%的生产性服务业和52%的文化创意产业。中关村已成为我国经济规模最大的高技术产业基地，以金融街为中心的金融集聚区正向着国际金融中心迈进，CBD聚集了大量的外资企业，通州高端商务服务区、怀柔文化科技高端产业新区等区域正努力成为北京总部企业集聚地。

北京制定了一系列经济政策促进新兴产业发展，决定在未来5-10年内构建以新一代信息技术为引擎，以生物、节能环保、新材料、新能源等为突破的战略性新兴产业格局，进一步聚集世界高端企业总部，加快迈向世界城市的步伐。北京为中关村建设制订了"1+6"先行先试政策，包括建立中关村科技创新和产业化促进中心、进行税收优惠试点、股权激励试点等，形成了有利于创新创业的体制环境。发布《北京市文化创意产业投资指导目录》，每年拨出专项产业促进资金，促进文化创意产业迅速发展，使得文化产业的总部集聚优势更加明显。

在吸引总部企业入驻方面，北京市政府不断修订总部经济政策。2013年，北京市印发实施了《北京市人民政府关于加快总部企业在京发展工作意见的通知》，旨在建立健全总部企业重大项目投资发现机制和跟进服务机制，搭建总部企业市场对接平台，培育和打造一批总部经济集聚区，实现集聚发展、差异发展目标；提供总部经济发展的优惠措施和配套服务，更强有力地促进总部经济快速发展。

（二）劣势

1. 高昂的生产生活成本

与其他城市相比，北京的生产和生活成本明显较高。北京市2015年度职工年均工资为85038元，月平均工资为7086元，是全国最高水平。2016年，北京以平均工资9240元排名全国第一，上海8962元排名第二，深圳和广州分别为8315元和7409元，企业劳动力成本较大。

写字楼方面，随着北京土地供应的持续紧张，受政策调控影响，商业地产投资出现下降。2016年前三季度，北京写字楼销售出现量价齐升的趋势，写字楼成交均价为28388元/平方米，同比增长10%，商服地产成交均价30131元/平方米，同比增工22.8%，价格居全国之首。

2. 生活质量较低

虽然北京采取了一系列综合措施，交通拥堵、大气污染与水污染等问题有所缓解，但其存在问题依然凸显。城市交通存在明显缺陷，高峰时期的拥堵问题没有得到根本缓解，地铁拥挤不堪，部分区域停车问题比较突出；尽管北京采取多种措施降低PM2.5浓度，但秋冬两季的大气污染治理面临严峻考验；污水处理网络和垃圾处理设施建设滞后，建设清洁城市面临巨大挑战。上述不利因素，明显抑制了北京城市生活质量的提高。

3. 经济结构的调整

2016年，国际经济仍处于疲弱增长，外部需求难有明显增长，高端制造业不断流向发达国家，工业运行环境不容乐观。国内经济下行压力不减，需求增长乏力，产能调整深化，进一步加大北京工业增长下行压力。

另一方面，北京对工业增长的约束条件不断增强，在不断疏解非首都功能、积极推进京津冀协同发展的过程中，一些传统工业发展持续受到资源约束，一些以工业企业生产为重点的总部企业可能将其总部转出北京。

（三）机遇

1. 优越的区域协同

研究表明，江浙地区和上海，香港和顺德等珠三角地区形成的总部——加工基地的区域发展模式，有利地促进了上海和香港的总部经济发展。随着国家战略层面的京津冀协同发展战略的推进，三个区域的协同发展和区域整体竞争力将进一步提升，三地之间的合理分工和协作将为北京总部经济发展提供更为广阔的空间。

2. 北京服务业扩大开放综合试点工作

2015年以来，北京市成为大陆首个服务业扩大开放综合试点城市，出台了一系列开放试点领域、开放措施和相关政府管理政策，北京在民用航空业、金融保险业、商业服务业、旅游业等行业进一步扩大开放，为外资进入提供了新机会。同时

北京商务发展报告(2017)

进行的配套改革,如负面清单实施、行政管理措施的进一步简化、外籍人士进出境便利化、跨国公司总部对外贸易便利化等措施进一步优化了外商投资环境,为吸引更多跨国公司总部入驻北京提供了新的机遇。

3. "一带一路"倡议

"一带一路"倡议促进了京津冀地区与"一带一路"沿线国家的全面经济合作,与这些国家的贸易和投资金额迅速增长。作为亚欧大陆桥运输线最近的东部起点,天津可以通达世界上180多个国家和地区的500多个港口,是海上丝绸之路最北端的起点,是"一带一路"倡议中"陆丝路"东端与"海丝路"北端的交汇点,北京不仅有遍及全球的航空线路,还拥有通往中蒙、俄罗斯等国重要的国家铁路,大幅缩短亚洲货物运抵欧洲国家时间。

"一带一路"倡议的实施,将吸引更多的大型企业总部入驻北京以开拓"一带一路"沿线国家市场。同时,来自"一带一路"沿线国家的资本和企业亦开始进入国内,开拓中国市场,北京需采取措施抓住机会吸引来自这些国家的大型企业在北京设立总部。

4. 供给侧结构性改革

北京在供给侧结构性改革中,结合北京新的首都战略定位,结合京津冀协同发展战略和非首都功能的疏解,一方面将不符合首都功能的产业疏解到其他地区,严控相关工业在北京的发展;另一方面采取措施改进供给侧的质量和数量,引导新型消费,创造新型消费,引入新产业和新业态,找到北京新的经济增长点。

供给侧结构性改革为总部经济发展提供了新机遇,也提出了高要求。部分产业的退出,为总部经济发展提供了发展空间,但也要求新入驻的总部企业必须符合首都战略定位,必须符合北京"高精尖"经济结构要求,在教育、养老健康行业、新技术创新等行业加大引资力度,吸引更多总部企业入驻。

(四)挑战

1. 全球经济持续疲软

尽管距离2008年金融危机已过去8年,但2016年全球经济仍处于持续疲软状态,全球投资增长缓慢。2016年全球经济投资额下降了约2个百分点,对发展中国家的投资下降了14%,尽管联合国贸易与发展会议(UNCTAD)预计2017-2018年间,全球投资额会有一个中度恢复,但仍会低于2007年水平。

全球各国经济复苏仍处于不稳定状态，美国经济温和复苏，但新任总统的各种新政策及其影响的不确定性仍然很大，欧洲经济复苏态势不明显，日本经济缺乏新增长动力，新兴国家和发展中国家的资本在迅速外流，各国经济改革有待进一步深化。

2. 来自上海等其他城市的挑战

随着各大城市经济结构的调整、转型、升级，上海、天津、广州、深圳等地亦将总部经济作为其经济发展的重要动力之一，这些城市充分利用自身优势和自贸区建设带来的政策优势，采取各种措施吸引总部企业入驻。上海是航运业、金融业跨国公司地区总部传统集聚之地，广州、深圳在吸引港澳台外资方面具有地域优势，天津则利用自贸区优势不断进行金融创新，这些城市对总部企业的争夺必然会给北京总部经济发展带来新的挑战和竞争。

三、总部经济发展对策

北京在不断改善总部企业生存发展环境的同时，要紧紧围绕首都城市战略定位和全国科技创新中心建设，进一步做大做强总部经济，使之成为北京经济发展新的增长点。要细化服务举措、优化发展环境，进一步增强总部经济实力，为全市经济社会发展做出更大贡献。

（一）助力北京科技创新中心建设

总部经济作为首都经济重要特征，需要在北京"四个中心"建设，构建"高精尖"经济结构，推动首都经济社会发展中发挥重要支撑作用。

北京作为全国政治中心、文化中心、国际交往中心和科技创新中心，需要更多高科技公司入驻。要坚持发展金融、科技、信息、文化创意、现代商务服务业等高端生产性服务业，发展环保、新能源等新兴产业，吸引全球高端研发中心和更多的跨国公司总部入驻，使北京成为世界高端企业总部集聚地，为北京"四个中心"的建设作出贡献。

强化推进中关村国家自主创新示范区建设。继续深化科技管理体制改革，加快科研成果向现实生产力的转化。充分发挥北京高级人力资源和科技资源集聚的优势，鼓励创新，努力建设具有全球影响力的科技创新中心，扶持科技创新型总部企业发展，打造技术创新总部集聚区。利用服务业扩大开放综合试点，积极吸引知名跨国公司

北京商务发展报告(2017)

研发总部在京落户发展。培育科技创新型总部企业,建立培育科技创新型总部集聚区。

(二)服务国家战略,促进京津冀协同发展

总部经济对区域经济发展具有十分重要的意义。对总部集聚地来讲,知识技术要素密集的比较优势得以强化,以总部经济为主导的高端商务服务业及关联服务业得到更多发展机遇,促进高端服务业的进一步集聚发展。对企业来讲,可以充分利用区域间商务成本和资源差异,结合企业需求,利用企业内部分工在区域优化布局产业链,降低企业生产成本,提高企业竞争力。京津冀协同发展中,北京利用中心城市地位,吸引总部经济入驻,发挥高端服务作用,辐射带动周边地区实现联动发展;天津和河北则利用其各自优势,与总部企业积极合作,参与"总部—生产基地"发展模式的建设,促进各类产业在京津冀地区实现整合优化发展。

北京应积极主动地与天津、河北密切合作,在总部企业设立、生产基地建设、企业生产链和供应链在京津冀地区重整等方面,实现政府部门间沟通合作;在资金奖励、人才引进、服务保证等方面推出力度更大、措施更实、受益面更宽的举措;协调政府政策和法规,共同为企业提供服务,减少跨省际的一些不必要行政手续,提高行政管理效率。建立商务领域京津冀协同发展对接协作机制,探索三地产业链引资合作模式,组织驻京总部型企业与河北省开发区对接洽谈会,加强三地"走出去"重大项目协调联动。

同时,应与雄安新区建设形成和谐发展局面,雄安新区定位于疏解非首都功能,符合北京定位的总部企业不仅不会外迁,反而还会比以前具备更多的政策优势。随着非首都功能疏解和部分制造业的外迁,未来北京的总部企业会集中精力发展高端服务业、科技创新业等符合首都城市战略定位的行业。

(三)助力供给侧结构性改革

2015年11月10日,习近平总书记首次提出,在适度扩大总需求的同时,着力加强供给侧结构性改革,提高供给体系的质量和效率,提高生产要素有效配置,提升社会供给的整体质量及效率,增强经济持续增长动力,通过调结构、转方式,改变经济增长方式,提升经济增长质量,改善人居环境,实现经济、社会和环境的可持续发展。对北京来讲,供给侧结构性改革在疏解非首都功能的同时,需要补短

板行业，提升首都核心功能，构建"高精尖"经济结构、提升北京生活品质，实现首都城市战略定位，让总部经济成为北京的新经济增长点。

近年来，北京清理了大量不符合首都功能的产业和企业，大量原有传统制造业、传统商业和商品市场已转移到其他地区，需要有新的行业和产业进入填补空缺。

因此，北京总部经济的发展要结合北京首都战略定位，结合北京产业和资源优势，根据北京供给侧结构性改革要求，不再全方位吸引各类总部企业入驻，设立行业限制和准入门槛；根据北京"高精尖"经济结构的要求，有针对性地吸引符合北京经济发展定位的总部企业入驻，吸引高科技产业、高端生产性服务业、高品质生活性服务业的龙头企业入驻；吸引目前北京需要量较大，但供给较为短缺的健康、养老、医疗等行业的龙头企业入驻，带动本地相关行业的发展，提高产品和服务的供给侧质量和效率。

另一方面，依托北京人才、资本、技术、管理等优势资源，借助供给侧改革，增强全球资源配置能力和控制力，提高北京在全球价值链中的地位。

（四）打造世界高端企业总部聚集之都

目前，北京已成为500强跨国公司集聚最多的城市，在国际上享有良好声誉，但在吸引跨国公司总部方面，仍面临来自上海、香港、新加坡和其他一些亚洲城市的竞争。因此，北京一定要利用其独特优势，不断吸引更多跨国公司入驻，打造世界高端企业总部集聚之都。

在全球投资总体趋缓、引资竞争日趋激烈的形势下，北京要以服务业扩大开放综合试点为契机，积极推进外商投资"放管服"改革和事中事后监管，有力促进首都开放型经济的发展，在落实外籍人士居留许可、外汇运营、进出口等配套服务与便利措施方面提供更好的服务，开展综合性集成服务和个性化需求服务。充分利用服务业扩大开放给予的行业准入优惠政策，引导相关领域跨国公司总部入驻北京，积极吸引知名跨国公司区域总部及研发、运营、采购、结算中心等落户北京。鼓励北京总部企业开展实体化经营和战略提升，建立相关的运营中心。

（五）建立总部经济集聚区

结合首都城市战略定位，北京要不断调整优化总部经济集聚区，培育一批总部经济发展新区,引导总部经济功能区加快发展、合理布局。市商务委正在制定《促进总部经济功能区发展的服务管理办法》,对已经认定的总部经济集聚区和发展新区建立动态管理机制,引导总部经济功能区在全市合理布局,在城六区内实现转型升级、提质增效,在城六区外加速培育、增强辐射,为总部型企业开展实体化经营、战略提升、模式创新等提供基础条件,不断优化首都总部经济发展环境。

功能区和特色小镇的建设要遵循总部企业对区域的要求,具备一定的产业基础,具备便捷交通网络以及医疗、教育、购物等完善的公共服务配套设施,以及良好的生态环境,从而为企业提供一个优质工作环境。目前,正在建设的顺义区后沙峪总部经济特色小镇,计划吸引全球500强区域性总部20家,建设成为生态环境一流、中西元素结合、在中国乃至全球有重要影响力的国际化总部经济特色小镇。在这个特色小镇的建设过程中,要不断借鉴国内外先进管理和发展模式,不断总结自身成功失败经验,为以后总部特色小镇的建设积累经验。

(六)优化发展环境,提高服务意识

市商务委需要进一步优化政策环境,完善总部经济发展政策。优化服务环境,创新管理方式,提升服务水平,完善服务配套,继续做好企业服务工作。继续与央企进行积极沟通,跟进央企90项重大投资项目,深化央企与北京的合作;吸引有竞争力的民企总部入驻北京,吸引更多跨国公司地区总部入驻,并培育有创新活力的成长型总部。

不断优化监管环境,在总部企业的证照管理、连锁化经营、税收征管、通关监管、进出口便利化等方面给予了更大的便利,提高企业总部的经济效益。

第八章 北京地区对外贸易发展报告

北京市依托其在科技、人才、市场、信息等方面的优势，对外贸易特别是服务贸易迅速发展。2016年，北京市紧密围绕"一带一路"和京津冀协同发展战略，以服务业扩大开放为引领，以外贸转方式、调结构为主线，以"规模不减、份额不减"为目标，强化融合、协同、创新，突出重点，着力培育外贸发展新动能，外贸稳增长取得积极成效。

一、货物贸易发展概况

（一）进出口总额稳中有降，出口实现规模、份额双增长

2016年，北京地区货物贸易进出口总额为2813.76亿美元，同比下降12.0%，占全国进出口总额的7.6%。其中，出口额为514.23亿美元，同比下降5.9%，进口额2299.53亿美元，同比下降13.2%。但考虑汇率因素，货物贸易进出口总额为18625.2亿元人民币。其中，出口额为3418.1亿元人民币，同比增长0.7%，增幅高于全国平均水平2.7个百分点；出口占全国份额2.5%，高出上年0.1个百分点，货物贸易出口实现规模、占全国份额双增长。进口15207.1亿元人民币，下降7.5%。占全国份额14.5%，比上年下降1.2个百分点。贸易逆差1785.3亿美元，比上年减少了317.2亿美元。

（二）进出口商品结构持续优化

2016年，初级产品出口129.24亿美元，占出口总额25.1%，工业制成品出口384.99亿美元，占比74.9%，其中机电产品出口272.79亿美元，占比53.0%，高新技术产品出口113.14亿美元，占比22.0%。主要出口产品排第一位的仍为成品油，

出口额达到110.08亿美元,占出口总额的21.4%,其次为手机、钢材与集成电路,分别占5.2%、5.1%和3.8%。出口增幅较大的商品为成品油、文化产品和集成电路,同比分别增长54.2%、25.0%和9.4%;而出口下降幅度较大的商品为肥料、手机和船舶,同比降幅分别为62.9%、38.2%和33.9%。

初级产品进口1139.31亿美元,占进口总额比重为49.5%;工业制成品进口1160.22亿美元,占比50.5%,比上年增长2.7个百分比,其中机电产品进口654.45亿美元,占比28.5%,比上年增长3.6个百分点,高新技术产品进口254.45亿美元,占比11.1%,比上年增长1.2个百分点。进口所占比重较大的产品除汽车占10.2%以外,仍以初级产品为主,其中原油进口736.2亿美元,占比32.0%,但比上年下降21.7%;其次为农产品进口138.95亿美元,占比6.0%,比上年下降9.6%,食品进口121.29亿美元,占比5.3%,下降4.3%。通断保护电路装置及零件、汽车零配件、铁矿砂及其精矿等进口增幅较大。具体数据见表8-1、表8-2、表8-3。

表8-1　2016年北京地区海关出口与进口商品类别及构成统计表

类别	出口			进口		
	金额（万美元）	比重（%）	同比增（减）（%）	金额（万美元）	比重（%）	同比增（减）（%）
总　值	5142337	100.0	—	22995260	100.0	—
初级产品	1292433	25.1	8.1	11393066	49.5	-2.7
工业制成品	3849903	74.9	-8.1	11602195	50.5	2.7
机电产品	2727916	53.0	-4.5	6544456	28.5	3.6
高新技术产品	1131391	22.0	-3.7	2544518	11.1	1.2

数据来源：北京海关统计月报

表8-2　2016年北京地区主要出口商品统计表

商品名称	金额（万美元）	增幅（%）	占出口总额比重（%）
成品油	1100816	54.2	21.4
手　机	265021	-38.2	5.2
钢　材	260802	-25.0	5.1
集成电路	192850	9.4	3.8

续表

商品名称	金额（万美元）	增幅（%）	占出口总额比重（%）
服装及衣着附件	179562	−29.5	3.5
汽车零配件	176635	−4.4	3.4
通断保护电路装置及零件	104817	−2.2	2.0
汽车	104354	−6.8	2.0
农产品	96081	2.1	1.9
船舶	83460	−33.9	1.6
食品	72267	2.4	1.4
文化产品	65789	25.0	1.3
纺织纱线、织物及制品	64621	−4.5	1.3
肥料	61254	−62.9	1.2
医疗仪器及器械	55220	−10.4	1.1
合计	2883549	——	56.2

数据来源：北京海关统计月报

表8-3 2016年北京地区主要进口商品统计表

商品名称	金额（万美元）	增幅（%）	占进口总额比重（%）
原油	7362021	−21.7	32.0
汽车	2348938	1.7	10.2
农产品	1389480	−9.6	6.0
食品	1212908	−4.3	5.3
铁矿砂及其精矿	752650	5.9	3.3
粮食	557071	−10.6	2.4
计量检测分析自控仪器及器具	499433	3.8	2.2
医药品	479610	3.1	2.1
汽车零配件	433782	6.8	1.9

续表

商品名称	金额（万美元）	增幅（%）	占进口总额比重（%）
成品油	341070	-21.1	1.5
未锻轧铜及铜材	295779	4.4	1.3
集成电路	248259	-3.3	1.1
医疗仪器及器械	204102	4.4	0.9
通断保护电路装置及零件	189226	13.5	0.8
飞机及其他航空器	153584	-43.2	0.7
合计	16467913	——	71.7

数据来源：北京海关统计月报

（三）进出口市场趋于多元化

排在前三位的出口市场依然是美国、香港与日本，占北京地区出口总额的比重分别为9.4%、8.4%和7.7%，但2016年北京对这三个国家的出口与上年相比都有所下降，特别是香港和日本，分别下降10.8%和11.4%，对韩国和越南出口也有所下降。但同时，对"一带一路"相关国家新加坡、巴基斯坦、菲律宾和孟加拉国的出口则大幅增长，增幅分别达到68.7%、64.1%、169.9%和106.5%，占出口总额的比重分别上升至6.2%、3.9%和2.5%和2.1%。

进口排名前三的市场与上年相同依然是美国、德国和瑞士，占北京地区进口总额的比重分别为10.3%、8.2%和6.6%，但与上年相比，北京地区对三国的进口都有所下降，降幅分别为11.5%、2.0%和9.2%；对澳大利亚和日本的进口则分别增长5.7%和21.1%，占据第三和第四的地位，占进口总额的比重分别为5.1%和5.0%；此外，由于原油价格下跌造成进口额减少，对沙特阿拉伯、安哥拉及伊拉克的进口都有大幅下降，降幅达到26.0%、26.6%和15.9%。具体数据见表8-4和表8-5。

表8-4 2016年北京地区主要出口市场统计表

排名	国家（地区）	出口金额（万美元）	增幅（%）	占出口总额比重（%）
1	美国	488958	-1.4	9.4

续表

排名	国家（地区）	出口金额（万美元）	增幅（%）	占出口总额比重（%）
2	香港	433883	−10.8	8.4
3	日本	398453	−11.4	7.7
4	新加坡	322048	68.7	6.2
5	巴基斯坦	203755	64.1	3.9
6	韩国	196320	−5.5	3.8
7	越南	173480	−9.4	3.3
8	澳大利亚	141062	18.0	2.7
9	菲律宾	128870	169.9	2.5
10	俄罗斯联邦	123403	−2.3	2.4
11	印度	115531	−41.4	2.2
12	马来西亚	107386	99.3	2.1
13	孟加拉国	107028	106.5	2.1
14	台湾省	106123	−15.4	2.0
15	伊朗	103755	−36.1	2.0
	合计	3150055	——	60.7

数据来源：北京海关统计月报

表8-5 2016年北京地区主要进口市场统计表

排名	国家（地区）	进口金额（万美元）	增幅（%）	占进口总额比重（%）
1	美国	2378136	−11.5	10.3
2	德国	1877782	−2.0	8.2
3	瑞士	1525864	−9.2	6.6
4	澳大利亚	1183673	5.7	5.1
5	日本	1158880	21.1	5.0
6	沙特阿拉伯	1093836	−26.0	4.8

北京商务发展报告(2017)

续表

排 名	国 家（地区）	进口金额（万美元）	增 幅（%）	占进口总额比重（%）
7	安哥拉	1012812	-26.6	4.4
8	伊拉克	985699	-15.9	4.3
9	俄罗斯联邦	880321	-19.9	3.8
10	韩 国	780309	-15.5	3.4
11	巴 西	747380	4.5	3.2
12	伊 朗	731047	23.6	3.2
13	香 港	631429	242.4	2.7
14	阿 曼	607727	-31.1	2.6
15	土库曼斯坦	549039	-29.0	2.4
	合 计	16143934	——	70.0

数据来源：北京海关统计月报

（四）贸易主体中民营企业、央企进出口占比提高

民营企业进出口、进口均增长。民营企业进出口257.5亿美元，增长1.5%，占进出口总额比重9.1%，较上年提高1.2个百分点。其中，出口91.7亿美元，占出口总额的17.7%，与去年持平；进口165.8亿美元，增长8%，占进口总额的7.2%，较上年提高1.3个百分点。中央企业进出口占比均提高。中央企业进出口同比增长3.6%，占进出口总额61.8%，比上年提高0.5个百分点。其中进口占比64.3%；出口占比50.4%，首次超过地方企业。国有企业出口占比持续增长达到58.4%，出口金额为302.1亿美元。外资企业在出口占比持续下降的情况下，进口占比不断上升，达到22.6%，比上年增长3.6个百分点。

（五）贸易方式以一般贸易为主

一般贸易出口267.5亿美元，占北京地区出口总额的51.7%，与上年相比虽下降了3个百分点，但依然保持了持续上升的趋势。一般贸易进口1968.1亿美元，占进口总额的比重达到85.5%，基本与上年持平。

（六）贸易促进政策、措施推动对外贸易稳步发展

1、大力促进贸易便利化。一是口岸信息化建设提速。全面启动北京电子口岸平台升级改造，"北京单一窗口"正式上线运行。中国电子检验检疫主干系统试点运行工作启动。报关无纸化率达到92.8%，报检无纸化率达到82.0%以上；二是通关监管创新力度加大。大力推进全国通关一体化，开展多式联运改革试点，积极推进自贸试验区海关监管创新制度复制推广工作，加快空港贸易便利示范区建设。推进跨境电商便利备案、便利申报、便利放行。推进出入境物品安全质量追溯管理，强化全过程质量安全管理与风险控制，提升进出口产品质量；三是退税便利化举措更新。将重点"双自主"企业纳入出口退税一类企业管理；对非一类总部企业、在京中央企业出口高新和机电产品、成套设备等给予出口退税优先支持等；四城区率先实行出口退税无纸化管理试点，开展网上办税；四是结汇标准化流程缩短。加大对进出口企业人民币融资支持力度，缩短融资备案流程，积极推动跨国企业集团人民币集中收付业务，实现境内外资金集中结算。

2、贸易促进措施推动外贸发展。2016年，北京市投保短期出口信用险的企业达1299家，享受统一投保政策的企业达到6100余家，全市出口信用保险企业覆盖面超过84%，比上年提高2个百分点，居全国首位。短期出口信用保险支持全市贸易出口212.79亿美元，同比增长16.9%，短期出口信用保险支持一般贸易出口的比重由2013年的19.5%提高到27.0%，出口拉动作用明显。外经贸发展引导基金完成2笔投资，担保服务平台对出口拉动效应达到3倍。

3、创新模式优化跨境电商发展环境。市商务委牵头制定《推进跨境电子商务创新发展实施意见》，会同北京海关、北京国检局制定《跨境电子商务监管工作关检合作方案》，提升通关效率。开展跨境电商消费体验季，组织20余家跨境电商企业入驻实体商家，吸引回拉境外消费。建设跨境电商O2O体验店，全市建成林德、聚优澳品、一指遥等15家示范店。天竺综保区园区等6家中国（北京）跨境电子商务产业园正式挂牌。

4、积极推进外贸综合服务企业试点工作。对示范企业，相关部门推出了优先纳入全国通关一体化改革和出口退（免）税无纸化管理试点企业范围、优先接入出入境物品质量安全追溯监管系统和北京国际贸易"单一窗口"、优先获得外经贸发展引导基金和担保服务平台支持等多项支持政策和服务措施。目前，已形成一批全流程外贸综合服务示范企业，小笨鸟、易单网、尚易通等9家外贸综合服务企业2016年实现出口15.8亿美元，同比增长127.7%。

北京商务发展报告(2017)

二、货物贸易发展趋势与对策

(一)发展趋势

1. 货物贸易规模呈下降趋势

从外部来看,世界经济步入低速增长新常态,全球贸易增速显著下滑;从内部来看,北京产业结构优化调整,服务业增加值所占比重逐年上升,2016年服务业增加值占全市GDP的比重达到80.0%。与此相对应,货物贸易在经历了2009-2013年的快速上升之后逐渐回落,进出口额从2013年的4299.42亿美元下降至2016年的2813.76亿美元。

2. 贸易结构持续优化

贸易方式方面,一般贸易出口所占比重呈现持续上升的趋势,反映出外贸方式进一步优化,外贸质量进一步提升。一般贸易出口比重从2009年的41.9%上升至2015年的54.8%,2016年虽有小幅下降,但仍达到51.7%。北京地区的进口则一直以一般贸易为主,近年来占比一直在85%以上。

贸易主体方面,表现为主体企业和其他企业进出口共同发展。北京地区出口主体为国有企业与外资企业,但外资企业所占份额呈下降趋势,而国有企业与民营企业所占比重逐渐上升,国有企业从2012年的53.8%持续上升至2016年的58.4%,民营企业则从10.4%上升至2016年的17.7%;进口主体则一直是国有企业,2016年仍占比70.0%,但外资企业所占比重呈上升趋势,从2012年的15.3%上升至2016年的22.6%。同时,北京加快推进拥有自主品牌和自主知识产权的"双自主"企业的发展,涌现出一批竞争力更强的市场主体,"高精尖"经济结构为外贸发展注入了新的动力。2016年,"双自主"企业出口94.9亿美元,占比由2010年的6.0%上升到的18.3%,比上年提高2.3个百分点。总部企业出口占比64.6%,提高13.2个百分点。

商品结构方面,北京地区出口一直以机电产品为主,近年来占比一直在60%上下浮动,进口则以原材料、零部件、生产设备为主,主要是为了满足北京经济发展对生产性资源、投资性资源的需要。消费性产品进口则主要是汽车与食品,这也反映了人民生活水平的提高。此外,先进技术、关键零部件和重要设备等高新技术产品进口呈现增长态势,高新技术产品进口所占比重从2013年的8.6%上升至

2016年的11.1%，进口结构逐步改善。

3. "一带一路"沿线国家拓展贸易增长新空间

"一带一路"沿线国家成为北京重要的贸易伙伴，2016年，与"一带一路"沿线国家双边贸易额达到872.8亿美元，占北京地区进出口总额的31.0%，与上年持平。其中，出口175.4亿美元，同比增长1.0%，占出口总额的33.8%，比上年提高2个百分点。随着"一带一路"建设的不断推进，沿线国家将成为北京外贸增长的新方向。

4. 跨境电商发展初具规模

互联网技术的飞速发展催生出了跨境电子商务的外贸新业态和新模式，并以其便捷性、数字化和全产业链等属性带来了未来发展的巨大空间。随着消费供给侧改革的深入及居民消费结构的升级，北京跨境电子商务也取得了持续快速发展。全年跨境电商零售进口（从北京口岸进口）88.8万票，较2015年增长5.7倍，价值3.37亿人民币，较2015年增长8.4倍；跨境电商零售出口全年实现8.4亿美元。

5. 贸易摩擦形势依然严峻

全球贸易保护主义持续升温，据英国经济政策研究中心发布的《全球贸易预警》报告显示，2015年全球推出的贸易限制措施数量是自由贸易措施的三倍，采取的贸易保护措施数量比2014年激增了50%。在此背景下，北京对外贸易发展仍面临严峻的国际环境，贸易摩擦涉案金额及企业数量都呈现上升趋势。2016年，北京出口产品遭遇贸易救济调查共计49起，占我国遭遇贸易救济调查总数的41.5%，比2015年增长22.5%。全市涉案金额约为3.15亿美元，比2015年增长3.1倍；涉案企业逾500家，比2015年增长约2.1倍。北京企业涉及美国337调查6起，占全国涉案总数的28.6%，是2015年的3倍。

（二）发展对策

1. 进一步提升贸易便利化程度

借鉴上海、天津、广东及福建四地自贸区贸易便利化措施。进一步完善国际贸易"单一窗口"建设，推动京津冀区域"单一窗口"通关一体化建设。加快推进统一的信息平台及电子口岸数据中心建设，实现政府部门及企业相互之间跨部门的数据交换和共享。全面推行一站式通关服务，共同推进"一次申报、一次查验和一次放行"信息化统一平台，优化通关流程，进一步提高报关报检无纸化率；构建贸易便利化配套政策体系，加大对贸易便利化措施实施的金融支持，推进出口退税便利化并给予更多的优惠政策支持；同时，加快政府职能的转变，提高风险管控水平。

2. 充分利用"一带一路"战略实施契机

提升与"一带一路"沿线国家的外贸合作水平。国家正在构建北京—莫斯科欧亚高速运输走廊，北京、天津共同成为我国联系俄罗斯、欧洲、中亚、西亚、南亚等国家与地区的重要铁路交通枢纽，2030年前规划在北京新机场组建洲际铁路枢纽站，北京将成为洲际铁路的枢纽站。北京应扩大中俄物流合作基地规模，提高中欧班列效率和水平，通过增加出口和扩大对外投资，增加回程货源。此外，强化与东南亚半岛各国重要城市、印度洋沿线滨海港口城市的互联互通，密切经贸、文化、科技交流活动，利用首都优势，切实增强北京经济的辐射影响力。借助科隆、莫斯科等北京市级友好城市的优势，基于双方当前较好的政治关系以及高层之间确立的战略合作背景，北京企业可以调整贸易地理方向，更深入地拓展俄罗斯、德国等"一带一路"相关市场。

3. 促进跨境电商发展，培育外贸增长新动能

虽然北京跨境电子商务发展只是初具规模，但未来必将发展为贸易方式的主流。北京应大力加强对跨境交通、物流、金融等基础设施区域网络平台的构建，推进京津冀通关一体化改革，解决当前物流、通关、结汇等问题。进一步完善跨境电子商务监管体制，适应跨境电子商务管理的实践需求。制定促进跨境电子商务通关服务相关的配套管理制度和标准规范，完善跨境电子商务安全认证体系和信用体系，建立跨境贸易电子商务的检验检疫监管模式以及跨境电子商务产品质量的安全监管和溯源机制，优化海关、国检、国税、外管、电商企业、物流企业等之间的流程衔接。健全适宜跨境电子商务发展的金融支持政策等。

4. 加快培育外贸综合服务企业，推进外贸新模式新业态发展

加紧培育一批外贸综合服务企业。首先，完善外贸基础服务。支持外贸综合服务企业发挥人才和专业优势，整合优化外贸服务流程，强化与物流企业，通过化零为整、批量化处理，以集约模式提供一站式服务。鼓励企业建立国际营销网络，延伸境外服务功能；其次，拓展外贸金融服务。支持外贸综合服务企业加强与银行、基金等金融机构合作，利用企业的信用优势，打造融资担保平台，为中小微企业提供融资担保支持；积极利用保理、票据贴现、订单融资、信用证融资、买（卖）方

贷款等金融工具，为中小微企业提供灵活便捷的融资服务；再次，打造外贸电商平台。支持外贸综合服务企业充分运用互联网技术，打造融合基础服务与金融服务的线上电商平台，对客户资信调查、接单审证、货源采购、质量检验、通关出运、货物保险、交单结汇、实货交付、海外分拨等各环节实行标准化管理，提高运行效率和贸易便利化水平。

5. 积极应对各种形式的贸易保护主义

贸易保护主义已经成为影响北京出口健康发展的重要因素，针对当前全球非理性贸易保护主义抬头的态势，北京应提前整体谋划，做好战略应对，继续发挥企业、行业协会和政府三位一体应诉平台的积极作用。继续实施市场多元化战略，分散外贸风险。

三、服务贸易发展概况

（一）进出口规模保持稳定增长

1. 进出口总体情况

2016年，北京服务贸易延续了快速发展势头，实现了"十三五"良好开局。服务贸易总额达1508.6亿美元，比上年同期增长15.8%，占本地对外贸易的比重达34.9%，较上年同期又提升了5.9个百分点；占全国服务贸易额的比重达18.8%，比上年提高0.5个百分点，继续保持全国领先地位。其中，服务出口额532.1亿美元，同比增长8.4%，占全国服务出口总额的比重达19.4%；服务进口额976.5亿美元，同比增长20.2%，占全国服务进口总额的比重达18.4%，服务贸易增速显著高于货物贸易。具体数据见表8-6。

表8-6 2016年北京地区服务贸易进出口统计表

单位：亿美元

项目	进出口总额	出口额	进口额	贸易差额
合计	1508.60	532.13	976.47	-444.34
1. 运输服务	157.81	50.33	107.48	-57.15
2. 旅行	762.64	176.88	585.77	-408.89
3. 建筑服务	85.07	48.71	36.36	12.35

北京商务发展报告(2017)

续表

项　目	进出口总额	出口额	进口额	贸易差额
4. 保险服务	98.06	25.05	73.00	−47.95
5. 金融服务	19.96	15.57	4.39	11.18
6. 电信、计算机和信息服务	119.96	63.24	56.72	6.52
其中：电　信	20.67	11.02	9.64	1.38
计算机	95.46	50.49	44.97	5.52
信　息	3.84	1.73	2.11	−0.38
7. 知识产权使用费	33.55	1.72	31.83	−30.11
8. 专业和管理咨询服务	113.28	84.10	29.18	54.92
其中：法　律	11.32	8.47	2.85	5.62
会　计	5.09	4.29	0.80	3.49
管理咨询和公共关系	73.13	56.09	17.04	39.05
广　告	13.53	10.15	3.39	6.76
展　会	6.39	1.70	4.69	−2.99
9. 技术服务	34.93	20.27	14.66	5.61
10. 个人、文化和娱乐服务	11.69	2.17	9.51	−7.34
11. 维护和维修	11.81	8.04	3.77	4.27
12. 其他服务	59.83	36.02	23.81	12.21

数据来源：中华人民共和国商务部

2. 附属机构服务贸易情况

2016年，北京服务业引资结构好中有优。服务业新引进外资项目1042个，入资123.2亿美元，分别占全市新引进项目数的97.1%和实际外资的94.6%。科学技术、互联网和信息、文化教育、金融、商务和旅游、健康医疗六大服务业重点领域新引进外资项目827个，占全市新引进项目数的77.1%；其中科学技术、互联网和信息、商务和旅游以及文化教育等重点领域引资快速增长，实际外资分别增长59.3%、130.0%、89.8%和97.9%。

3. 自然人流动情况

北京对外劳务合作保持规范有序发展。2016年外派各类劳务人员7898人，年末在外劳务人员 20436 人，实现劳务收入 1.05 亿美元。亚洲和非洲仍是北京外派劳务人员的主要地区。

（二）服务贸易逆差有所扩大

由于服务进口增速远大于出口增速，2016 年，北京地区服务贸易逆差进一步扩大，达到 444.3 亿美元。逆差主要来源于旅行服务，且呈持续扩大的态势，逆差额达到 408.9 亿美元，比上年增长了 35.0%，占逆差总额的 92.0%。运输服务贸易逆差则持续缩减，在 2015 年减少 27.9% 的基础上又缩减 34.2%，为 57.2 亿美元。此外，保险服务贸易逆差有较大幅度的扩大，达到 48.0 亿美元，比上年增长了 371.0%。服务贸易顺差则主要来源于专业和管理咨询服务、建筑服务、其他服务、金融服务、技术服务以及电信、计算机和信息服务。特别是专业和管理咨询服务，顺差额达到 54.9 亿美元，基本与上年持平，是主要的顺差来源；金融则从上年的 6.9 亿美元逆差转变为 11.2 亿美元的顺差。但建筑服务、计算机和信息服务顺差有较大幅度减少。

（三）服务贸易进出口结构持续优化

服务进出口排名前三位的领域分别是旅行、运输和电信、计算机和信息，三大领域共占全市服务贸易进出口总额的 72.1%。出口以旅行、专业和管理咨询、运输及建筑服务为主，进口则以旅行、运输、保险及电信、计算机和信息服务为主。

新兴服务领域仍在全国保持明显优势。电信、计算机和信息服务、专业和管理咨询、保险、金融等新兴服务贸易进出口额达到 503.1 亿美元，同比增长 0.8%，占服务贸易总额的比重达到 33.3%。出口额 256.2 亿美元，占出口总额的 48.1%。虽然进出口额及出口额占比与上年相比都有小幅下降，但新兴服务领域在全国仍保持领先优势，电信、保险、法律、金融等服务进出口分别占全国同类服务进出口的 70.4%、62.4%、45.8% 和 40.3%。

重点新兴服务领域保持增长态势。金融和保险增长最为迅速，保险服务进出口额 98.1 亿美元，同比增长 50.9%，占进出口总额的比重提升至 6.5%；金融服务进出口额更是提高了 101.6%，至 19.96 亿美元。专业和管理咨询服务进出口额为 113.3 亿美元，同比增长 1.3%，占进出口总额的比重为 7.5%；计算机和信息服务进出口额为 99.3 亿美元，同比增长 1.6%，占进出口总额的比重为 6.6%。

北京商务发展报告(2017)

与此同时,知识产权使用费、技术服务、电信服务进出口额出现小幅的下降。其中,知识产权使用费进出口额33.6亿美元,同比下降7.4%,占比也下降至2.23%;技术服务进出口额34.9亿美元,同比下降8.4%,占比降至2.3%;电信则下降7.6%,为20.7亿美元。其他服务进出口额下降幅度较大,同比下降44.4%,仅为59.8亿美元。

传统服务领域进出口额仍占较大比重。运输、旅游与建筑三大传统服务贸易领域进出口额为1005.5亿美元,同比增长25.1%,占总额的66.7%。其中旅游仍是进出口额排名第一的服务行业,且保持了持续快速的增长,进出口达到762.6亿美元,在上年增长44.3%的基础上又增长了61.6%,占服务贸易进出口总额的50.6%。运输服务仍为第二位,但贸易额持续较大幅度的减少,同比下降了16.9%,占比相应降低至10.5%。

(四)其他服务贸易稳步发展

1. 服务外包产业整体回升

在经历了2015年国际经济形势不乐观、跨国公司传统外包业务减少、北京服务外包疏解等多种因素造成服务外包合同数与执行金额双双下降的不利情况后,2016年,北京地区离岸服务外包业务全面回升,合同执行金额达49.05亿美元,同比增长9.0%。其中,信息技术外包(ITO)执行金额为30.85亿美元、业务流程外包为9.07亿美元(BPO)、知识流程外包(KPO)为9.13亿美元,占离岸服务外包执行总额的比重分别为62.9%、18.5%和18.6%。比上年分别提高1.6%、15.0%和35.5%,发包额位居前5位的国家为美国、爱尔兰、德国、瑞典与荷兰。

2. 技术贸易持续下降

2016年,北京地区技术贸易合同登记1299项,合同金额80.1亿美元,同比下降24.5%。其中技术进口合同金额21.6亿美元,同比下降18.3%;技术出口合同金额58.5亿美元,同比下降26.6%。技术进口以专有技术进口为主,进口行业主要为制造业,主要进口国家和地区为韩国、美国和德国。技术出口以技术咨询、技术服务及计算机软件的出口为主,出口行业主要为制造业及信息传输、计算机服务和软件业,主要出口国家和地区为中国香港。

3. 政策扶持促文化贸易显著增长

2016年,北京地区文化贸易进出口总额达46.9亿美元,同比增长9.5%,其中进口 27.5 亿美元，同比增长 1.9%；出口 19.4 亿美元，同比增长 22.4%。文化贸易包括核心文化服务贸易与核心文化产品贸易两部分，从具体分类看，核心文化服务进口和出口都取得了显著增长。核心文化服务进出口 27.0 亿美元，同比增长 17.1%。其中，进口 13.8 亿美元，同比增长 18.0%；出口 13.2 亿美元，同比增长 16.2%；核心文化产品进口有所下降，但出口取得了显著增长。核心文化产品进出口总额 20.0 亿美元，同比增长 0.6%。其中，进口 13.7 亿美元，同比下降 10.4%；出口 6.2 亿美元，同比增长 38.1%。

（五）服务贸易促进政策精准发力

1. 出台支持服务贸易企业投保短期出口信用险政策

市商务委联合市财政局共同推出支持服务贸易企业投保短期出口信用险政策，对服务贸易企业投保短期出口信用险所缴纳的保费给予不超过 50% 的支持，将拥有版权或软件著作权的服务贸易企业首次纳入"双自主"企业，并按所缴纳的保费给予不超过 80% 的支持。

2. 启动技术贸易区域管理机制

市商务委向各区下发《北京市商务委员会关于我市 2015 年技术进出口企业情况的通告》，要求各区商务委建立重点技术贸易企业联系机制。以此为基础，将技术出口贴息资金初审下放各区商务委执行。

3. 加大对服务贸易重点领域和重点行业支持力度

积极组织全市服务贸易企业申报国家政策资金支持。2016 年度共有 33 家文化服务出口企业获得奖励资金支持；75 家技术出口企业获得贴息资金支持；47 家服务外包企业获得市级配套资金支持。

4. 认定首批服务贸易示范基地

经各产业园区自主申报、各区商务委初审、专家评审小组联合评审以及公示等程序，最终确定天竺综保区、中关村软件园等 27 家产业园区为北京首批服务贸易示范基地。

5. 签署共促服务贸易发展的三方合作备忘录

市商务委与国家外汇管理局北京市外汇管理部、中国出口信用保险公司共同签署《关于促进北京市服务贸易发展的合作备忘录》，标志着多方联动共同推动全市服务贸易发展新机制的初步建立，有利于发挥三个部门职能优势，形成促进发展合力。

6. 积极支持服务外包公共服务平台建设

利用国家外经贸发展专项资金，面向全市共支持3个服务外包公共服务平台项目，分别为：软通动力信息技术（集团）有限公司的"通力互联网+软件与企业服务众包云平台"、北京民海生物科技有限公司的"生物医药中试生产外包公共服务平台"、文思海辉技术有限公司的"大圣众包服务平台"。

（六）第四届京交会在京成功举办

5月28日至6月1日，第四届中国（北京）国际服务贸易交易会在京举办。本届京交会突出"开放、创新、融合"的理念，紧紧围绕服务"一带一路"、"互联网+"、大众创业万众创新、京津冀协同发展，以及服务业扩大开放等国家战略，聚焦科学技术、互联网和信息、文化教育、金融、商务和旅游、健康医疗等重点领域，展示服务业和服务贸易领域的新空间、新机遇、新成果。本届交易会举办5万平方米展览展示，122场论坛会议及洽谈交易活动，来自126个国家和地区的17.1万人次客商参展参会，34个境外国家和地区参展参会，国内31个省区市组团参展参会。首次与世界贸易组织共同举办全球服务贸易峰会，促成了"互联网+智慧能源"创新创业项目等20个新的合作交流平台；首次展示国际服务贸易创新试点（1+15）并取得良好效果；双创服务等11个专题板块会期共发布双创指数报告等17项行业指数报告及行业标准，为服务业国际化、标准化发展抢占了主动权。

本届京交会意向签约项目331个，意向签约额1010.8亿美元，分别比上届增长40.0%和24.0%，其中，国际意向签约额198.8亿美元，北京以外其他省区市项目意向签约额315.8亿美元，占总签约额31.2%。京交会服务和带动全国服务贸易发展作用更加明显。

分报告

四、服务贸易发展趋势与对策

（一）发展趋势

1. 服务贸易增长远超货物贸易，成为对外贸易发展新动能

从全球范围来看，服务业和服务贸易的地位和作用日益加强。随着北京产业结构转型升级，率先在全国（内地）实现服务主导型经济。北京地区服务贸易取得了持续快速的增长，从2012年的1000.2亿美元，上升至2016年的1508.6亿美元，增长了50.8%，增速显著高于货物贸易。同时，服务贸易在对外贸易总额中所占比重持续上升，服务进出口总额占对外贸易的比重从2012年的19.7%上升至34.9%，增长了15.2个百分点，是全国服务贸易占对外贸易比重的2.3倍。服务贸易作为北京经济发展的特色与优势之一，对北京经济发展做出了重要贡献，成为北京对外贸易发展和对外开放深化的新引擎，以及推动供给侧结构性改革、促进经济转型升级的新动能。

2. 服务贸易在全国处于优势地位

北京服务贸易在全国一直处于领先水平，贸易总额占全国服务贸易总额的比重也一直保持在较高的水平，2016年达到18.8%。服务贸易出口占全国的比重更是高于进出口所占比重，达到19.4%。新兴服务领域在全国的优势尤为明显，特别是电信、保险、法律、金融、个人、文化和娱乐服务等行业，进出口额占全国的比重较大，2016年分别占全国同类服务进出口的70.5%、62.4%、45.8%、40.2%和39.4%。在传统服务领域，北京建筑服务贸易具有绝对优势，占据中国建筑服务的半壁江山，达40.1%；旅游服务贸易所占比重也呈上升趋势，2016年达到16.6%。

3. 新兴服务领域具有一定竞争优势，总体竞争力有待提高

北京在专业和管理咨询、技术服务、金融、电信、计算机和信息服务、维护和维修、广告、宣传、其他商业服务等新兴服务领域都具有竞争优势。特别是专业和管理咨询一直保持较强的贸易竞争力，而金融服务贸易竞争力在2016年也得到了很大的提升。但在贸易总量保持较快增长的同时，北京服务贸易整体竞争力仍较弱，在国际竞争中仍处于劣势地位。

随着供给侧结构性改革深入推进，生产要素加快向服务领域集聚，要素配置更加合理，北京服务贸易发展的产业基础在不断增强。但目前服务业对进口的依赖仍较大，特别是旅行、运输、保险、知识产权使用费、个人、文化和娱乐服务等领域国际竞争力水平仍有待进一步提升。

4. 服务贸易市场多元化，"一带一路"沿线国家成为重要贸易伙伴

目前北京服务贸易的主要市场是中国香港、美国、中国澳门、日本、韩国等国，但"一带一路"沿线国家正日益成为北京服务贸易的重要贸易伙伴。在"一带一路"战略布局下，围绕"五通"与沿线国家运输、工程承包、旅游、文化等重点服务领域的合作交流将不断深化。

5. 离岸服务外包发展趋于平稳，逐步向产业价值链高端升级

北京服务外包在经历了快速发展之后，2015年出现小幅下降，但2016年整体回升，发展趋于平稳。从外包类型来看，北京服务外包逐渐向高级化发展。虽然仍以信息技术外包（ITO）为主，但承接物流、采购、人力资源、财务会计、客户服务等外包业务的商业流程外包（BPO）以及更高端的产品技术研发、工业设计、分析学和数据挖掘、动漫及网游设计研发、工程设计等领域的技术性知识流程外包（KPO）也得到了不断发展。

6. 服务贸易数字化趋势日益加强

新技术为北京服务贸易发展带来了新机遇、新业态和新模式。在云计算、大数据、移动商务、物联网、VR技术等数字技术的驱动下，服务贸易数字化趋势越来越明显。目前跨境交易的服务有一半以上已经实现数字化，大幅降低了交易成本，丰富了交易内容，拓展了贸易所及的地域范围。"互联网＋外贸"的发展路径，将带动跨境运输、金融保险、采购服务、电子商务平台建设、数据处理、供应链管理等服务贸易的发展，促进跨境支付、跨境物流、跨境信用、跨境信息安全等系统开发服务业务。此外，新技术的发展也会为北京技术贸易及服务外包带来新契机，从而拓展服务外包的业务领域和层次。

（二）发展对策

1. 深化服务业改革力度，提升服务业开放质量

扩大服务业开放在新一轮开放型经济发展中具有重要战略地位，北京应继续加

大服务领域的对外开放，抓住全球制造业价值链向服务业价值链拓展的新机遇，拉动服务业和服务贸易快速发展。具体措施包括：一是以渐进方式逐渐实施更加开放的服务贸易市场准入机制，在符合国家利益的前提下破除一切阻碍服务贸易自由化的体制性障碍，促进服务要素国际与国内两个市场的自由流动与优化配置。逐步扩大向各类资本开放，降低或取消外资股权比例限制、部分或全部放宽经营资质和经营范围限制，实现投资主体多元化；二是实现服务贸易与服务投资的双轮驱动发展模式，以准入前国民待遇和负面清单管理模式为基础，优化服务行业的外资利用质量，鼓励国际知名的外资服务机构积极参与软件开发、跨境外包、技术研发、物流服务等高端领域的合作与交流，同时，支持本土有条件的服务企业从事高附加值的对外直接投资；三是以深入推进服务贸易领域供给侧结构性改革为契机，夯实服务贸易产业基础，完善服务贸易体制机制，进一步提升服务贸易便利化水平，释放服务贸易行业活力。

2. 促进服务产业的制度和技术创新

一是进行服务贸易制度创新，在服务贸易管理体制、促进机制、政策体系、监管模式上取得突破，打造服务贸易制度高地；二是支持与服务产业相关的金融制度创新，积极鼓励商业银行、证券公司等金融机构向具有发展潜力的成长性服务企业提供定向的个性化金融服务，同时完善风险评估和融资担保体系，为服务业的健康发展保驾护航；三是以"互联网+"战略为契机创新服务产业商业模式，大力推动互联网、大数据等现代信息技术与服务产业的深度融合，培育服务业的新增长点，加快推进服务贸易数字化进程。

3. 完善服务贸易促进机制和政策体系

加快建立系统性、机制化、全覆盖的服务贸易政策体系，重点是完善服务贸易财政、税收、金融、便利化等政策。完善服务出口支持政策，以发展潜力较大的服务领域特别是新兴服务领域为重点，推动新兴服务出口快速发展。进一步健全服务贸易扶持政策，加强对维修服务、技术服务等高附加值新兴服务贸易领域的政策支持，加快推进设立服务贸易创新发展引导基金并积极发挥作用，进一步完善服务贸易出口退税政策，继续放宽技术先进型服务企业的认定范围并给予税收优惠等，使更多的服务贸易企业特别是中小企业从这些支持政策中受益。

4. 聚焦重点领域，打造"北京服务"新的竞争优势

着力优化服务贸易出口结构，提升技术与知识密集型现代生产性服务产业的贸

易竞争力。充分发挥北京市在专业和管理咨询、技术服务、电信、计算机和信息服务、维护和维修、建筑等服务领域的贸易竞争优势，并有效利用"一带一路"战略所带来的发展契机，进一步促进优势领域服务贸易的发展，打造"北京服务"优质品牌。发挥北京在技术贸易方面的竞争优势，构建促进技术贸易的公共服务和交易平台，扩大自发达国家的先进技术进口，并以铁路、水电、通信、装备制造、航空航天等行业为重点，推动对"一带一路"沿线国家技术出口；大力发展文化贸易，整合文化贸易机制，创新文化贸易发展模式，加大对文化出口产业的政策扶持力度，积极培植具有国际影响力的代表性文化企业，建成一批面向"一带一路"等重点市场的国家文化出口基地，建设一批国际文化交易平台，为中华文化"走出去"搭建平台，积极扩大文化出口，特别是文化创意、数字出版、动漫游戏等新兴文化出口。

5. 推动服务外包转型升级

尽快完善外包创新政策支持体系，支持服务外包企业大力发展研发、设计、物流、维修、大数据营销、管理咨询、云计算等高端生产性服务外包，积极承接欧美发达国家外包业务，推动生产性服务业融入全球价值链。积极培育壮大发包市场，支持大型国有企业参与"一带一路"互联互通项目，带动中国技术、标准、服务和品牌走出去。引导和培育外包企业向综合服务提供商转型，推动服务外包与制造、交通、金融、保险等垂直行业深度融合，打造服务外包领军企业。

6. 搭建服务贸易国际合作与交流平台

建设一批公共服务平台，为服务贸易企业开拓国际市场、公共信息服务、人才培训、就业促进、技术支撑等提供服务。继续拓展京交会的全球影响力，使其发挥更加重要的建设性作用，推动与"一带一路"沿线国家建立更加紧密的经贸联系。不断健全海外市场拓展机制，在境内外形成市场主导、政府支撑、企业受益的服务贸易促进格局，为广大服务贸易企业特别是中小企业开拓国际市场创造更加有利的条件。

第九章 北京双向投资发展报告

一、利用外资概况

(一) 实际使用外资额持续增长

2016年北京市全年吸引合同外资220.7亿美元,比上年下降31.8%。实际利用外资130.3亿美元,增长0.3%,实现连续15年增长,占全国份额由上年的10%上升到10.3%。截至2016年底,北京市累计批准外商投资企业40864家,累计实际利用外商直接投资1135亿美元。

2016年引进的外资总额中,以中外合资企业方式进入的外资为79.2亿美元,以中外合作企业方式进入的外资为0.40亿美元,独资企业方式进入的外资为48.8亿美元,以外商投资股份制方式进入的外资为1.92亿美元,独资和合资方式仍是外资的主要进入方式。

2016年引进的项目规模均较大,124个千万美元以上大项目引资总额达119.3亿美元,占全市实际外资的91.6%。其中114个服务业大项目引资112.2亿美元,占全市实际外资86.1%。新增外资总部企业12家,累计达280家。新增外资研发机构16家,累计达548家。新增世界500强企业投资项目6个,累计有287家世界500强企业在京投资了724个项目。

引资方式更趋多元化。以央企并购方式引入外资59.7亿美元,占全市实际利用外资45.8%;全市810家存量企业增资136.2亿美元,占全市合同外资61.7%;以跨境人民币方式投资企业75家,投资额62.5亿元人民币,增长33.6%,占全市实际利用外资7.8%。

(二) 外资主要集中于服务业

2016年,北京服务业新引进外资项目1042个,实际利用外资123.2亿美元,

北京商务发展报告(2017)

分别占全市新引进项目数的97.1%和实际利用外资的94.6%。第二产业吸引外资6.83亿美元,占实际利用外资的5.24%。

表9-1　2016年北京市分行业实际利用外商直接投资统计表

行业名称	实际利用外资（万美元）	比上年增长（%）
总　计	1302858	0.3
农、林、牧、渔业	2303	-69.8
制造业	63806	7.4
建筑业	113	-13.7
交通运输、仓储和邮政业	89048	3793.7
信息传输、计算机服务和软件业	113490	133.5
批发和零售业	584292	141.3
住宿和餐饮业	3010	448.3
金融业	90406	-87.7
房地产业	66160	140.2
租赁和商务服务业	120407	69.1
科学研究、技术服务和地质勘查业	157508	59.3
水利、环境和公共设施管理业	1754	-62.8
居民服务和其他服务业	16	-80.7
文化、体育和娱乐业	6198	98.9

数据来源：北京市2016年国民经济和社会发展统计公报

服务业扩大开放六大重点领域新引进外资项目827个,占全市新引进项目数的77.1%,其中科学技术、互联网和信息、商务和旅游以及文化教育等重点领域引资快速增长,增长率分别为59.3%、130%、89.8%和98.9%。这四大领域实际利用外资48.8亿美元,占全市服务业利用外资总额的39.6%。其中,科学研究、技术服务和地质勘查业吸引的外资占比为12.1%,租赁和商务服务业吸引的外资占比为9.2%,信息传输、计算机服务和软件业吸引的外资占比8.7%。

2016年,生活性服务业新设外资企业106家,增长27.7%。其中餐饮业新设外资企业19家,实际入资增长4.5倍;零售业新设外资企业8家,实际入资增长1.4

倍；批发和零售业吸引外资在实际利用外资总额中占比为44.9%，是吸引外资金额最大的行业；文体娱乐业新设外资企业65家，实际入资增长98.9%。

（三）外资来源较为集中

根据2016年北京市外商投资企业联合年报数据，2016年北京市外资来自140多个国家和地区，其中来自香港、日本、英属维尔京群岛、德国等投资额居前十位国家和地区的外商投资总额为127.3亿美元，占全市实际利用外资97.7%，其中，香港仍以5319家企业和682.2亿美元位居榜首，占全市实际利用外资的43.1%；来自开曼群岛的投资达27亿美元，位居第二；来自英属维尔京群岛的投资达到21亿美元，位居第三；其余七个主要投资国分别为德国、新加坡、韩国、法国、日本、美国和卢森堡。来自韩国、新加坡、美国和德国的资本有大幅增加，增幅分别为3.6倍、2.3倍、1.8倍和1.7倍。欧盟28国在京投资增长1.2倍，东盟10国在京投资增长2.3倍；"一带一路"国家和地区在京投资增长2.3倍。截至2016年底，共有159个国家和地区来北京市投资。

来自这些国家的企业对北京市经济增长作出了巨大贡献。根据2016年北京市外商投资企业联合年报数据，2015年度香港、日本、英属维尔京群岛、德国等10个国家和地区投资企业贡献突出，其纳税总额2417.1亿元，占全市78.2%；从业人数127.9万人，占全市83.1%；企业数和实际利用外资分别占全市79.6%和90.8%。

（四）外资主要集中在城六区

2016年，北京城六区引资106亿美元，占全市实际利用外资81.4%，其中朝阳区利用外资额占全市引资总额的57.3%，主要投向金融服务和商务服务领域；海淀区利用外资额占全市引资总额的14.5%，主要投向科学技术服务、互联网和信息服务领域。城市发展新区和生态涵养发展区引资24.3亿美元，同比增长80.7%，占全市引资总额18.6%，较去年提高8.3个百分点，主要投向商品流通服务、商务服务和高端制造业领域。

（五）新业态不断出现

随着服务业扩大开放的不断深化，进入新兴业态的外资不断增加，北京在全

北京商务发展报告(2017)

国率先实行10种新业态：①国内首家外资控股的飞机维修合资公司签约落地；②国内第一家外资银行卡清算机构在京落地；③全国率先实行海外游客购物离境退税；④国内首家可实现出口产品全程质量可追溯的跨境电商平台企业在京建立；⑤国内首家获得对外专项出版业务的混合所有制试点企业在京注册运营；⑥全国首例大型公立医院与社会资本以特许经营合作办医的改革模式成功实施；⑦国内首笔以版权为标的物的融资租赁业务顺利实现；⑧国内首家由银行发起成立的创客中心在京诞生；⑨推出国内首批中医药国际医疗服务包；⑩推出全国首款居家养老失能护理互助保险。

2016年，北京市新设立零售外资店铺438家，新批准营业面积9.4万平方米。其中，专卖店279家，专业店139家，便利店3家，超市14家，其他3家。这些零售店铺主要集中在朝阳区167家，西城区39家，东城区54家，丰台区13家，海淀区66家，五个区占全市总数的77%。2016年11月3日，商务部废除2004年8号令，商务部门不再对外商投资企业在京设立零售店铺相关事宜进行审核，随着相关号令的废除，将来会有更多外资零售店铺进入北京。

旅游业方面，2016年4月27日，首个中外合资旅行社——中青旅国际旅游有限公司（港资）出境游业务申请正式获批。5月3日，全国首个针对合资旅行社开展出境游业务的管理规定《北京市中外合资旅行社开展出境旅游业务试点工作管理办法》正式获批。

文化娱乐业方面，2016年6月1日，北京市文化局正式发布《在北京市特定区域设立外商独资经营演出经纪机构审批办事指南》，允许外商独资设立演出机构。

制造维修业方面，2016年12月14日，由北京通用航空有限公司和法荷航维修工程参股公司（Air France KLM E&M Participations）共同出资设立的全国首家外方控股的飞机维修合资企业，北京通航法荷航飞机航线维护有限责任公司，落户在与首都机场口岸无缝对接的天竺综合保税区，公司注册资本722.5万人民币，其中，中方占40%，外方占60%。

（六）外资企业经营效益二八效应凸显

根据2016年北京市外商投资企业联合年报数据，北京外资企业中，2015年度营业收入1亿元以上企业1632家，占全市外资企业数的11.7%，营业收入28691.2亿元，占全市外资企业总收入的96.3%；利润总额1亿元以上企业349家，占全市外资企业总数2.5%；利润总额4076.1亿元，占5505家盈利企业总利润的91.6%。少数外资企业创造绝大部分收入和利润。

在这些企业中，外商投资性公司经营贡献突出。2015年度159家投资性公司实现营业收入4454.8亿元，占全市外商投资企业营业收入的14.2%；净利润总额591.5亿元，占全市外商投资企业净利润的19%；实现纳税391.8亿元，占全市外商投资企业纳税总额的12.7%。

（七）服务业扩大开放综合试点成效显著

2016年，北京市服务业扩大开放综合试点成效显著。在工作推进上，落实《实施方案》141项任务，启动实施118项，实施率83%；完成113项，完成率80%；形成40项开放创新举措，创新率28.4%。研究提出向国家申请的深化试点工作方案及新一轮服务业扩大开放措施清单。

2016年5月26日，市服务业扩大开放综合试点工作领导小组办公室印发《朝阳区创建北京市服务业扩大开放综合试点示范区实施方案》及《顺义区创建北京市服务业扩大开放综合试点示范区实施方案》，两个示范区试点期自2016年5月5日起至2018年5月4日。顺义区主要侧重临空经济产业发展，依托天竺综保区、临空经济核心区和中关村顺义园3大功能区，聚焦航空服务、地理信息等7大优势领域，重点推动38项工作；朝阳区主要侧重文化、金融及商务服务业发展，以商务中心区、国家文化产业创新实验区和中关村朝阳园为重点，发挥文化、金融、商务服务等6大领域优势，重点推动33项工作。

2016年，天竺综保区批复入区项目40个，注册资本总额5.43亿元，计划投资总额38.54亿元，形成特色产业和新兴产业集聚态势。航空产业方面，引进了北京通航法荷航飞机航线维修等项目8个，园区涉及航材贸易、航空维修、飞机租赁等业态的航空类企业达到23家。医药产业方面，引进了国药集团医药物流北京有限公司等重点企业7家，园区涉及研发、制造、贸易、仓储等相关业态的医药企业达到14家，实现营业收入72.4亿元，占园区总量的36.3%。文化产业方面，成功引进包括首家外商独资演出经纪公司（龙之传奇娱乐有限公司）在内的文化企业10余家，园区涉及文化艺术品展览展示、修复鉴定等新兴业态的文化类企业达到40家。

(八) 外资管理有序发展

1. 完成外资普查工作和数据采集工作

2016年,市商务委继续牵头组织全市外资企业联合年报工作,全面掌握各类外商投资企业的经营、投资情况,了解外商投资存量及其分布结构,为供给侧结构性改革和"放管服"改革提供数据依据。参加联合年报的企业名录和部分投资经营信息通过"全国外商投资企业年度投资经营信息联合报告公示平台"向社会进行公示,同时纳入"开放北京"平台外资企业信用监管系统,作为企业信用记录依据之一。

全市参加年报和存量企业调查的外商投资企业首次突破1.4万家。年报数据显示,申报企业14038家,累计投资总额2701.2亿美元,累计实际外资1207.2亿美元;2015年度实现营业收入31382.4亿元,上缴税金3091亿元,从业人数154万人。

配合服务业扩大开放综合试点,对天津自贸区、朝阳区CBD等进行广泛调研,完成"开放北京"平台"服务业重点领域信用监管系统"建设,完成了全市外资企业注册信息、经营信息、不良信用记录等数据采集,并正式上线运行。

2. 积极组织、参与各类经贸洽谈会

2016年以来,市商务委不断地组织部分区、功能区赴境外开展投资促进活动,宣传北京市服务业扩大开放综合试点措施和投资环境、功能区政策,进一步扩大北京市在境外的影响力,组织6场专业化境外推介活动,接洽境外80余家政府部门、投资机构、商会协会和企业,不断增强北京对外资的吸引力。

2016年9月8至10日,市商务委、市投促局,有关区以及开发区等10家单位30人组成北京市代表团参加在厦门举办的第十九届中国国际投资贸易洽谈会,共对外发布投资项目379个,参加了国际投资论坛、中美企业投资合作论坛、2016全球电子商务大会等活动23场次。

2016年11月3至4日,在第二十届北京·香港经济合作研讨洽谈会上举办北京市服务业扩大开放新机遇暨京交会推介会,宣传推介北京市服务业扩大开放综合试点工作,重点展示试点运行一年来,在催生服务业新业态、创新体制机制等方面取得的新进展,以及对首都服务业国际化、高端化、集聚化发展方面的带动效果。举办了京港两地知名企业家交流圆桌会议、促进民间投资及京港双向投资重大项目

签约仪式等 17 项活动，共有 11000 余人次参会，其中香港企业达到 1200 余家。发布京港双向投资项目 608 个，14 个重大项目上会签约，签约金额折合 47.4 亿美元。促成千万美元以上港资注册大项目 71 个，注册资本折合 37.5 亿美元。北京、天津和河北的商务委与香港投资推广署联合举办了"京津冀携手香港双向投资贸易项目洽谈会"，开展主题宣讲、海外营商环境介绍、国内支持政策说明、风险防范咨询等活动，组织京津冀相关企业与"一带一路"沿线重点国家地区现场洽谈对接相关投资和贸易项目。

借助"中国市与美国芝加哥市贸易投资合作联合工作组"平台，与芝加哥市举行投资贸易对话座谈，加强项目对接。

3. 继续深化改革外资管理制度

市商务委不断深入改革行政管理制度，精简行政机制，取得了良好效果。

落实国家政策方面，从 2016 年 6 月 1 日起，港澳服务提供者投资《服务贸易协议》对港澳开放的领域时，其公司设立及变更的合同章程由审批改为备案制，市商务委积极应对投资者要求，全年共有 4 家港澳服务提供者通过网络向市商务委提交设立备案申请并通过了备案审核。

2016 年 9 月 3 日，十二届全国人大常委会通过了《全国人民代表大会常务委员会关于修改〈中华人民共和国外资企业法〉等四部法律的决定》，将不涉及国家规定实施准入特别管理措施（负面清单）的外商投资企业设立和变更由审批改为备案管理。市商务委积极落实相关文件要求，将北京市不涉及国家规定实施准入特别管理措施（负面清单）的外商投资企业设立和变更由审批改为备案管理。从 2016 年 10 月 1 日起，符合条件的外资企业进行备案时，只需通过网络在线填报相关备案信息和相关材料，工作时限从原来的 20 个工作日缩短到 3 个工作日以内。到 2016 年年底，全市共收到备案申请 1398 件，完成备案 1330 件。

自身改革方面，2016 年 6 月，市商务委与市工商局联合推出外商投资企业"备案事项一体化"改革措施，印发《北京市商务委员会北京市工商行政管理局关于开展外商投资企业备案事项一体化工作的通知》，在全市各级外资企业审批登记中试行。政策实施后，企业往返次数减少，申报材料精简，办理时限减少 3-5 天，全市共办理一体化备案接近 300 件，受到企业欢迎和好评。同时，为了加强对外资企业备案工作监管，两部门又建立了外资企业商务备案与工商登记的网络信息交换系统，通过对共享数据进行分析，及时发现未依法备案企业，并由专人进行催报，为做好事中事后的监管工作打下了坚实基础。

北京商务发展报告(2017)

2016年7月起，北京市下放外商投资企业登记审批权限，成为全国首个所有地市级分局均取得外商投资企业登记管辖权的地区。对外资企业的管理中，实施国内首创"双积分"信用管理。推动"双随机、一公开"，随机抽查事项占到72%。

二、对外经济合作概况

2016年，北京对外经济合作以加快推动实施"走出去"战略、"一带一路"倡议和京津冀协同发展重大国家战略为指导，大力推动全市企业对外经济合作各项工作深入开展，服务首都城市战略定位，服务开放型经济发展。

（一）境外投资额保持良好增长态势

2016年，北京市境内主体对全球58个国家和地区的529家企业进行了非金融类直接投资，累计投资额155.1亿美元，同比增长62.3%。对外直接投资主要集中于亚洲，对拉丁美洲和非洲等欠发达地区投资稳步增长。

2016年，全市企业对"一带一路"沿线国家投资平稳增长，在"一带一路"沿线21个国家累计直接投资额6.4亿美元，较2015年同期增长29.3%。截至2016年底，北京市企业在"一带一路"沿线31个国家有投资，累计直接投资额约为22.4亿美元，投资主要集中于商务服务业、制造业和建筑业等行业。印度、新加坡、柬埔寨位列沿线国家前三位。

（二）境外投资质量和效益不断提高

企业开始利用自身竞争优势，利用自身拥有的技术、服务、品牌实施"走出去"战略，以获得新的发展空间。同时，北京企业在科技、信息、制造领域境外投资快速增加，企业开始实行新的发展战略，通过对外投资获取国外先进技术和高科技产品，利用海外并购进军全球产业价值链"高精尖"领域步伐明显加快。

2016年，北京市企业实际出资的60项境外并购项目投资额共计83.1亿美元，同比增长4.3倍，占全市对外直接投资总额的53.6%。其中，IT产业13项境外并购项目投资额51.74亿美元，占并购总额六成以上。清华紫光分别斥资26.08亿美元和8.29亿美元收购华三通信和锐迪科微电子,实现信息技术领域产业链高端布局;金鹿（北京）公务航空有限公司通过在阿拉伯联合酋长国并购成立联合航空服务有限公司，扩大其在中东及欧洲地区的包机网络并进入旅行支持服务领域；利亚德光电股份有限公司在全球设立 12 家子公司，推动本土集成电路品牌国际化。

（三）对外承包工程业务保持平稳发展

2016 年，北京市对外承包工程完成营业额 24.96 亿美元，同比下降 29.7%；新签合同额 51.42 亿美元，同比增长 10.8%，新签合同额 5000 万美元以上大项目 26 个，累计合同额 39.6 亿美元，其中 1 亿美元以上项目 12 个。对外承包工程业务涉及 8 个行业，其中完成营业额前三位分别是房屋建设类、交通运输建设类、水利建设类。

北京市企业的国际竞争力不断增强，2016 年度 ENR(《工程新闻记录》) 全球最大 250 家国际承包商排名，我国 65 家上榜企业中北京市占 4 席，分别为中地海外集团有限公司、北京建工集团有限责任公司、北京城建集团有限责任公司、泛华建设集团有限公司。

2016 年，北京市企业在"一带一路"沿线 33 个国家开展了对外承包工程业务，完成营业额 9.58 亿美元，新签合同额 25.15 亿美元，其中 5000 万美元以上对外承包工程项目共 11 个。其中，北京城建集团有限责任公司哈萨克斯坦阿斯塔纳城市轻轨一期项目，合同额 4.65 亿美元；神州长城国际工程有限公司柬埔寨香格里拉酒店项目，合同额 2.85 亿美元；中地海外集团有限公司斯里兰卡南部高速公路项目，合同额 1.01 亿美元。

（四）对外劳务合作保持规范有序发展

自 2016 年 6 月 1 日起，北京市相关部门根据《国务院关于第二批取消 152 项中央指定地方实施行政审批事项的决定》要求，取消输港澳劳务合作项目的立项审核，改为备案管理。2016 年，北京市全年外派各类劳务人员 7898 人，期末在外劳务人员 20436 人，实现劳务收入 1.05 亿美元。

（五）对外直接投资便利化程度不断提高

1. 提供大量对外交流合作机会

2016 年，市商务委组织北京企业积极参加各种国际交流会，为企业对外投资

北京商务发展报告(2017)

提供更多的交流机会。2016年6月16-19日，组织北京企业代表团参加第三次中国-中东欧地方领导人会议，促进北京企业与中东欧国家经贸合作。7月12-14日，组织北京企业代表团参加第十五次泛黄海中日韩经济技术交流会，促进北京企业对日韩经贸合作。9月11-14日，组织北京企业代表团参加第十三届中国-东盟博览会"国际经济合作展区"，宣传和推广重点企业，帮助参会企业进一步了解东盟及相关国家的承包工程及对外投资市场情况。利用第20届京港洽谈会，会同北京市发展和改革委员会、香港投资推广署、天津市商务委员会、河北省商务厅，共同举办京津冀携手香港开拓"一带一路"投资贸易项目洽谈专题活动，就海外营商环境、国内支持政策、风险防范等，组织京津冀相关企业与"一带一路"沿线重点国家地区现场洽谈对接投资和贸易项目。

为了促进北京企业与"一带一路"国家的合作，2016年9月28日，中国对外承包工程商会、市商务委、市经济和信息化委联合在京举办央地企业携手共筑"一带一路"——对外承包工程与北京汽车出口示范区企业"抱团出海"专题对接交流活动。中交集团、国机集团、中国石油、五矿集团等25家中央对外承包工程企业，福田汽车等6家北京地区汽车出口质量安全示范区企业，北京建工等11家北京市对外承包工程企业参加，分交通建筑、工业装备、资源开发三个领域开展深入交流对接。

2. 鼓励支持企业"走出去"

市商务委积极发挥政策资金作用，利用2016年北京市对外投资合作专项资金、促进外经贸发展引导基金和担保资金平台的功能，鼓励引导企业加强对外投资合作，鼓励和支持北京企业"走出去"，在投资合作项目的贷款贴息、前期费用、资源回运保费补贴等方面给予支持。市发展改革委和市商务委积极探索制度创新，于2016年9月1日搭建统一的北京市"境外投资直通车"网上备案平台。企业登陆网站即可进行申报，备案时限由15个工作日缩减为3个工作日，企业申报材料减少50%；当月共受理申报234项，全部按时完成备案。顺义区、大兴区、通州区三区可以直接进行《企业境外投资证书》的打印工作，企业就近领证，进一步节约企业运营成本，便利审批手续。

2016年，北市市多部门联合主办促进企业"走出去"系列培训，就"走出去"相关政府和金融机构的鼓励支持政策、境外投资合作税收及风险防范措施、境外投资操作模式及融资方式、税务筹划与全球税务风险管理问题、外汇政策实务等内容进行培训，宣传各种支持政策。

分 报 告

三、双向投资发展面临的国内外形势

（一）国际经济形势

1. 全球经济发展前景仍不明朗

2016年的全球经济仍处于深度调整期，受全球经济复苏乏力、金融市场动荡、新兴经济体增长放缓等影响，2016年全球外商直接投资（FDI）仍处于疲软状态，《2017年世界投资报告》表明，2016年外国直接投资流量小幅下降2%，至1.75万亿美元，虽然联合国贸易和发展会议（UNCTAD）预计2017-2018年的全球投资额会有一定的复苏性增长，但仍会低于2007年峰值。2016年，流入发展中国家的外国资金下降了15%，降至4420亿美元，流入发达国家的外资占比仍达到59%。发达国家中，虽然流入欧洲的外资在减少，但流入美洲的外资却在大幅增加。世贸组织将2017年贸易增长预期从3.6%下调为1.8%–3.1%之间。

2. 对全球资本的争夺不断加剧

由于世界经济复苏动力不足，各国经济增长分化加剧，使得全球贸易和投资的保护主义加剧，全球经济运行中，出现了一些"去全球化"现象，也加大了对资本的争夺。

发达国家的经济在缓慢复苏，但各国亦加大了对资本的保护和争夺。以美国为例，一方面，美国总统特朗普明确表示退出跨太平洋伙伴关系协议（TPP），要求重新进行北美自由贸易区谈判，以保证美国合法利益，实施制造业回归战略，采取多种措施和手段要求美国企业回归本土，为美国创造就业；另一方面，通过降税等方式吸引外国资本进入国内。

发展中国家开始意识到外资的重要性，印度等一些发展中国家开始利用生产成本相对较低的优势，吸引外资大量进入。同时，由于地缘政策和国内经济结构的调整，一些以追逐低劳动力成本的外资企业开始逐步转移生产地点，影响了我国对外资的吸引力。

3. 对外直接投资中面临的障碍增多

我国企业在对外直接投资中，所面临的市场准入限制、国家安全审查、反垄断审查、企业并购监管、劳工保护、工程标准、环境保护和隐性征收等方面的障碍不断增多。

北京商务发展报告(2017)

另一方面,我国部分企业开展境外投资时存在一定盲目性,投资前的市场调研筹备工作做得并不充分,忽视国际规则惯例、企业社会责任、当地文化特点,风险防范意识较差,使得对外直接投资中出现各种问题,甚至导致投资失败。

(二)国内经济形势

1. 我国引资规模增速放缓

随着我国经济结构调整,国内生产成本迅速上升,环保监管力度不断增强,给予跨国公司的各种税收优惠逐步取消,一些以利用劳动力为投资动因的外资企业重新调整战略,重新选择投资区位,使得我国的引资规模增速在逐步放缓。"十二五"时期,我国外资年均增长率为3.4%,低于同期全球跨国投资5%的增长率,同时也低于我国"十一五"时期9.6%的增长率。

同时,由于地缘政治冲突不断加剧,国内经济增速放缓,跨国公司对华投资信心下降。中国美国商会2016年度调查显示,越来越多的企业将中国视为全球投资"重要目的地之一"而非首选,认为中国投资环境正在恶化的企业达1/4,2016年逾三成企业无扩大投资计划,47%在华美企2016年计划投资低于2015年。

即使如此,2016年,我国全年吸收外商直接投资(不含银行、证券、保险)新设立企业27900家,比上年增长5.0%。实际使用外商直接投资金额8132亿元(折合计1260亿美元),增长4.1%。其中"一带一路"沿线国家对华直接投资新设立企业2905家,增长34.1%;对华直接投资金额458亿元(折合计71亿美元)。

由于2015年北京实际利用外资额有大幅增长,2016年和2017年随即出现回调,增长率较低。北京2016年吸引外资增长率低于全国平均水平,但吸引外资总额在全国的占比仍呈现增长态势。

2. 国内各省引资竞争日趋激烈

我国其他一些省份,如江苏、上海、广东、天津等各省,均意识到外资对其经济发展的重要性,不断利用其政策优势、地理优势来实现对外资的争夺。上海利用其自贸区的政策优势、金融改革的先试先行和优越的地理环境吸引了一批跨国公司设立地区总部,同时利用其在长江区域与其他省市的合理分工优势和世界航运中心建设的优势,吸引了许多制造业跨国公司入驻;天津同样利用自贸区政策优势和港口优势,吸引金融业外资、运输业外资和制造业外资进入;广东则利用其地理优势加大了对港、澳、台资本的吸引。2016 年建立的几个内陆自贸区也充分利用其政策优势加大了对外资的吸引。北京的引资工作面临着激烈的竞争。

3. 我国对外经济合作迅速增长

自 2002 以来，我国对外直接投资流量连续 15 年保持快速增长，年均复合增速高达 35% 以上，2016 年，我国全年非金融业对外直接投资额（不含银行、证券、保险）11299 亿元，按美元计价为 1701 亿美元，比上年增长 44.1%。中国首次成为全球第二大对外投资国。其中，对"一带一路"沿线国家直接投资额 145 亿美元。全球并购额达到 8690 亿美元，增幅达到 18%。2016 年，中国成为不发达国家的最大投资国，投资额是排名第二位国家的 3 倍，但流向发展中亚洲的其他次区域和主要对外投资经济体的投资额却大幅下降。2016 年，投资额增长较快的行业是信息传输、软件和信息技术服务业，增幅达到 252%；其次是制造业，增幅达到 116.7%；第三是批发零售业，增幅达到 72%。

2016 年，我国全年对外承包工程业务完成营业额 10589 亿元，按美元计价为 1594 亿美元，比上年增长 3.5%。其中，对"一带一路"沿线国家完成营业额 760 亿美元，增长 9.7%，占对外承包工程业务完成营业额比重为 47.7%。对外劳务合作派出各类劳务人员 49 万人，下降 6.8%。

2016 年，我国先后出台了《促进中小企业发展规划（2016-2020 年）》《关于深化投融资体制改革的意见》等政策措施，从多个方面帮助我国企业"走出去"，不断提高我国企业国际竞争力，不断提高中国产业在全球价值链上的地位。

4. 自贸区谈判取得新进展

2016 年，我国在自贸区谈判取得新进展。中日韩自贸区、中国—挪威自贸区、中国—斯里兰卡自贸区、中国—海湾合作委员会自贸区，以及《区域全面经济合作伙伴关系协定》正在加快推进谈判；中国与格鲁吉亚的自贸区谈判已基本结束；并先后与尼泊尔、以色列、毛里求斯启动了双边自贸区谈判。

这些自贸区的谈判和准入将为我国吸引外资和对外投资创造更加良好的发展条件。

（三）北京经济发展形势

1. 吸引外资面临挑战

保持利用外资三年连续增长是检验北京市服务业扩大开放试点成效的重要指

标，但 2015 年北京市吸引外资达到一个小高峰，特大项目的入驻使得引资额显著增加，使得 2016 年在 2015 年高位运行的基础上保持增长已较为困难，2016 年部分区县吸引外资额出现一定的下滑，2017 年吸引外资保持增长趋势，将是一个极大的挑战。

另一方面，由于外资备案管理和商事制度改革，合同外资转为实际外资明显减慢，未来资金到位存在不确定性。

2. 非首都功能疏解和供给侧结构性改革带来新的挑战和机遇

近一年来，北京在非首都功能疏解和供给侧结构性改革方面取得了较大成果，不符合首都战略定位的产业不断被转移到其他地区，一般制造业在北京发展受到了极大制约，限制了北京在制造业、农林牧渔业方面的引资可能性。

另一方面，供给侧结构性改革和北京服务业开放试点政策为外资进入提供了新的机会，高质量的外资、科技含量较高的外资、北京急需的生活服务业、生产服务业的高端外资，如养老业、健康医疗业、金融业、物流业等行业的外资，都是受北京欢迎的外资，也正成为北京吸引外资的重点行业。

3. 总部经济发展成为增长新动能

近年来，总部经济已成为北京经济增长的新动力。2016 年全年，占北京企业总数不足 1% 的总部企业，资产总计达到 105.8 万亿元资产，占北京市全市企业资产总额比重的 86.9%，营业收入达到 93841 亿元，占比达到 67.8%。实现利润 23956 亿元，占比达到 88.7%。

在这些总部企业中，到 2016 年底，北京累计认定来自 23 个国家和地区跨国公司地区总部达到 161 家，世界 500 强企业投资的地区总部达 67 家。目前北京已成为亚洲 500 强跨国公司总部集聚最多的城市，从企业集聚角度讲，会吸引更多的跨国公司地区总部入驻北京，从而为北京吸引外资创造新的机会。

京津冀的协同发展战略也为跨国公司在华北地区的"总部—生产基地"布局创造了良好的发展条件。

四、双向投资发展对策

虽然 2017 年国际经济发展前景并不明朗，国内外对外资的争夺亦十分激烈，但北京仍需发挥自身优势，积极吸引外资进入高端服务业，积极扩大对外投资，提高双向投资的质量，利用双向投资促进北京的经济发展和产业结构转型。

（一）进一步优化利用外资结构

充分利用改革开放政策和服务业扩大开放试点方案，继续加强服务业扩大开放重点领域引资工作，发挥外资在推动产业升级、结构优化、科技创新等方面的示范作用，发掘利用外资新的增长点，逐步推进教育文化、金融、医疗、商贸物流、电子商务等服务业领域有序开放，逐步消除外资服务业的进入壁垒。发挥外资在引进高端人才和先进技术方面的作用，推动引资、引智、引技有机结合，促进首都科技创新中心建设。

结合商务领域供给侧改革，吸引创新资源和科技资源进入，利用引进外资获得国内目前无法得到的资源和技术，实现"补短板"，鼓励外资进入养老、健康、医疗、特色餐饮等生活性服务业，支持外资参与传统商业转型升级建设，引进先进技术和管理经验，丰富国内市场供给，满足消费者需求，同时迫使国内生产者加强竞争意识，促进北京服务业的改革与发展，提高供给侧生产要素质量和供给侧产品和服务的质量。

抓住建设通州城市副中心、建设新机场和举办冬奥会等机遇，积极引进符合首都城市功能定位的"高精尖"项目，鼓励外资参与北京的经济建设。

总结引资经验，有针对性实现大项目引资，利用大规模外资进入某个新行业，开拓新的发展格局，鼓励外资参与国内企业优化重组。

充分利用京津冀协同发展优势，探索三地产业链引资合作模式，推进"经济圈招商"和"产业链引资"，鼓励外资充分利用三地优势实现其战略发展规划。

（二）进一步完善外商投资管理体制

建立全市部门联动、市区协同的工作协调机制，形成全市各个相关部门共同参与、合作推进的全市引资工作体系，实现部门间沟通合作，进一步简化对外资的行政管理手续，加强事中和事后的监管，完善已基本建立的"开放北京"平台外资企业重点领域"双积分"信用监管系统，开展守信激励和失信惩戒；营造国际化、法制化、现代化的营商环境。

实现全市各区、各部门的协调合作，完善外资企业投资经营信息报告制度和公示平台，推动形成政府各部门协同监管、社会公众共同监督的外商投资全程监管体系。同时促进外资项目合理布局、高效配套，减少各区间的内部竞争导致的低效率和资源浪费。加强与外国商会、协会的沟通合作，广泛征求意见和企业的政策诉求。

按照国务院要求，在北京市积极推广外资负面清单管理模式，将外资负面清单管理模式与北京服务业开放结合起来。

（三）加快"走出去"步伐

利用各种机会帮助企业了解海外市场，引导鼓励北京企业抓住机会，充分利用自身优势"走出去"。既要充分利用"一带一路"发展机遇，利用自身的比较优势进行投资，拓展主要沿线国家的国际需求，深化国际产能合作，输出具有比较优势的产能，参与到"一带一路"的建设中，还要充分意识到对外直接投资的逆向溢出效应，抓住机会向发达国家投资，利用"走出去"获得先进技术和经验，融入国际生产链中，并向价值链高端攀升。

充分利用北京在服务业和先进制造业的优势，鼓励北京的一些优势产业，如IT产业、高铁等产业走出去，进一步鼓励"北京智造""北京服务""北京品牌"走出去，提高国际竞争力。将对外直接投资与北京的货物贸易出口、服务贸易出口紧密结合在一起，贸易和投资互相配合，密切融合，提高企业的综合竞争力。不断创新对外直接投资方式，允许企业和个人发挥自身优势到境外开展投资合作，承担工程承包工作，鼓励有实力的企业采取绿地新建、并购、战略联盟等多种方式开展境外投资和合作，创新境外经贸合作区发展模式。

扩大运输、医护、餐饮、IT、教育等技术型劳务输出规模。增强北京市企业跨国投资经营能力，加强风险管理的引导和服务，积极防范和应对企业境外投资及工程承包风险。

（四）提高对"走出去"企业的服务水平

首先要加强对外投资合作培训力度，加强对企业的引导和警示，加强风险管理的引导和服务，积极应对和防范对外直接投资、对外劳务输出和工程承包中的各种风险，进一步完善相关的保险政策。加强对"走出去"涉及的产业安全与贸易风险预警研究，指导"走出去"企业应对国际贸易摩擦。发挥中介机构作用，培育一批国际化的设计咨询、资产评估、信用评级、法律服务等中介机构。

对企业在"走出去"过程中，遇到的企业金融财税专业化水平低、融资难、专业化人员的缺乏等问题，给予及时帮助和指导。集合各种资源为企业提供融资，建立企业境外投资合作信息服务平台，组织"一带一路"投资合作项目对接会等渠道，为企业搭建投资平台，提供商务信息。发挥外经贸发展引导基金和担保资金对重点项目的推动作用。

大力培养专业化人才，吸引高级管理人才入驻北京，为企业国际扩张作出贡献。

（五）做好深化北京服务业扩大开放综合试点工作

深入贯彻国务院批复精神，加快实施方案确定的措施落地。拓宽试点工作的深度和广度，努力构建开放型经济新体制。进一步放宽重点领域外资准入限制，加快市场准入机制和监管模式改革创新，推动服务业有序对外开放。聚焦科技、文化、商务、健康医疗等领域，进一步降低外资准入门槛。强化体制机制改革，力争在推进投资贸易便利化、完善事中事后监管体系、促进金融和人才要素供给通畅等方面取得新突破。开展试点工作绩效评估，梳理可在全国复制、可在全国推广的经验，为全国的服务业对外开放打下良好的基础。

深刻总结过去几年的成功经验，在做好风险评估的基础上，进一步深入试点，分层次、有重点放开服务业领域外资准入限制，为我国在推进服务业开放方面积累更多经验。

充分利用服务业开放试点工作给予的便利，在积极引进高端人才、便利人才出入境、完善外国人才引进制度方面做出有益探索。不断优化营商环境，完善相关法律法规，提升外商投资服务水平、深化外商投资企业管理信息共享和业务协同，完善外商投资企业的知识产权保护。

（六）加强与"一带一路"沿线国家的合作

进一步深化与沿线国家经贸合作，引导北京企业在沿线国家设立仓储物流基地和分拨中心，完善区域营销网络。加强与沿线国家的产业投资合作，共建一批经贸合作园区，带动沿线国家增加就业、改善民生。

密切科技人文交流。鼓励有实力的高校走出去办学，开展境外教育合作，加强与沿线国家科技合作。利用北京在文化产业方面的优势，推进对外文化合作与交流和旅游投资合作。

(七) 实现"引进来"与"走出去"的结合

利用北京在吸引高端外资方面的优势，推进"引进外资"与"走出去"的有机结合，充分利用投资带来的溢出和竞争效应，结合全球价值链的发展和布局，推动与各国各地区互利共赢的产业投资合作，充分利用各地的比较优势，鼓励企业开展科技创新、项目对接、信息交流、人力资源开发等多方面国际合作，不断提高北京企业的国际竞争力，积极开拓国际市场。

第十章 北京商务领域供给侧结构性改革发展报告

2015年11月10日,习近平总书记首次提出,在适度扩大总需求的同时,着力加强供给侧结构性改革,提高供给体系质量和效率,要从供给侧,对资本要素供给及生产的产品和服务的质量进行一系列改革,以提高生产要素的有效配置,提升社会供给的整体质量及效率,增强经济持续增长动力。

供给侧结构性改革的实质就是要调结构、转方式,改变经济增长方式,提升经济增长质量,改善人居环境,实现经济、社会和环境的可持续发展,更好地满足人民群众日益增长的物质文化需求。对北京来讲,供给侧改革既是落实中央战略部署,也是解决北京发展深层次矛盾和问题的必由之路,在调整经济结构的同时,还要缓解人口资源环境的突出矛盾,把非首都功能疏解和首都核心功能提升很好地结合起来,实现首都新的城市战略定位,更好地履行国家首都的职责。

自习近平总书记提出着力加强供给侧改革以来,市商务委各部门陆续出台了供给侧结构性改革实施方案,从引导企业疏解,增强城市管理工作、促进民间投资、加强京津冀协同发展、构建"高精尖"经济结构、提升北京生活品质,促进服务贸易发展等方面制定了一系列文件,出台了系列方案,全方位地进行商务领域供给侧结构性改革。

商务领域供给侧结构性改革,要解决的是"供"与"需"之间错位。目前,许多产业的产能过剩与部分需求无法满足的现象同时出现,究其原因,部分是因为制造业技术的制约和品牌意识的薄弱,部分是因为流通环节的制约,虽然互联网带动了电子商务等一系列新兴现代消费方式的出现,但网络安全、金融安全等也制约了新型消费的快速发展。因此,要通过供给侧结构性改革,扩大有效供给和中高端供给,增强供给结构对需求变化的适应性和灵活性,并通过改善流通环境将供给产品送到消费者的手中。

商务领域供给侧结构性改革还要引导需求、创造需求。目前,北京的消费需求

北京商务发展报告(2017)

开始向商品和服务并重转变。餐饮、家政、健康、养老等服务消费快速发展，增长速度明显高于商品消费。教育服务、家庭服务、医疗保健服务、文化娱乐服务将成为北京服务消费需求的重点。在增加整体服务业份额的同时，升级传统供给，培养新型供给。做到"补短板"，加强在科教服务、医疗养老、高端商业服务业等部分行业的供给，促进北京经济和社会的协调发展。为了促进商务领域供给侧发展，还需要营造诚信市场，改善供给环境，规范市场秩序，努力营造一个安全、便利、诚信的良好消费环境。

一、商务领域供给侧结构性改革成果

北京政府工作报告提出，供给侧改革中，要以新供给创造新消费，提升持续增长动力。截至2016年底，北京市社会消费品零售额突破1万1千亿元，连续9年保持全国城市第一，消费已成为北京经济增长的第一动力。

(一)服务消费供给持续扩大

为了更好地提升和促进服务消费，市商务委于2015年建立服务消费指标，2016年进一步完善形成了8大类服务消费指标体系，在全国率先建立总消费统计制度，并印发了《市场总消费统计办法(试行)》。

2016年，北京服务消费在总消费中的占比过半，增速明显超过商品消费。商品消费增速逐渐趋于稳定、服务消费增速逐渐提高、占比逐步上升并占据主导地位，是消费增长的新趋势。

(二)社区服务消费供给不断提升

北京加快了配送中心、服务站点、智能快件柜等连锁服务企业终端末梢建设，以提供更多的便民服务，提升社区服务消费供给。

2016年，市商务委制定实施了《关于2016年度支持新建或规范便民商业网点项目的实施方案》，对便民商业网点的建设内容、标准、进度安排及支持方式等进行了细化。牵头建立了《北京生活性服务业品牌连锁企业资源库》，第一批确定了173家企业，涉及蔬菜零售、便利店、家政等14个行业(业态)，占全市生活性服务业网点总数的10%左右。2016年全市共新建或规范提升各类便民商业网点

1700个，市政府为民办实事便民商业网点新增550个，城六区基本实现8项基本便民服务社区全覆盖。

在连锁经营方面，市商务委委托中国连锁经营协会调研和起草"北京市连锁便利店行业规范"和"社区商业便民服务综合体规范"；同相关部门研究出台了《关于进一步促进连锁经营发展意见》，对行业内企业进行调研，及时宣传和解读发展意见，不断优化连锁经营发展环境，引导企业提升行业规范发展水平，促进提升生活性服务业品质。并在一区一照、连锁便利店搭载简餐等方面出台了更有利的支持政策。组织连锁便利店和相关商贸企业进行宣贯活动，扩大对规范的领会，积极开展对连锁业态调研，引导企业探索和创新经营模式，建设各具特色的生鲜超市、生鲜便利店、社区生活超市和社区商业综合体、社区微型购物中心等，提升企业经营能力，完善便民商业服务。2016年全市基本便民商业网点连锁化率达29.5%，较2015年底提高5.2个百分点；城六区基本便民商业网点连锁化率达34.8%，较去年底提高5.5个百分点。在全国率先建立了生活性服务业标准规范的体系。

2016年，北京市建设社区商业便民服务综合体10家，新增连锁便利店205家，全市完成一刻钟服务圈106个，累计达到1342个，覆盖了2540个社区，覆盖率84%，惠及1569万居民。连锁超市、便利店、老字号企业在京郊及全国各地新增加门店近200家。

（三）新型商业模式、业态不断涌现

北京鼓励企业应用互联网、大数据、云计算等新技术改进服务流程，促进线上线下融合，发展跨境电商和电子商务，促进大众消费产品和服务品质提升。

2016年北京限额以上批发零售企业实现网上零售额2049亿元，增长20%，占全市社会消费品零售额的比重达到18.6%，拉动全市零售额增长3.3个百分点。

北京当代商城、西单商场、王府井百货等零售企业搭建WIFI服务平台，开展全渠道营销；工美等一些老字号，开展与电商平台深入合作以提供更多优质服务，提升经营效益，全市77家限额以上老字号批发零售企业中，有13家开展了网上零售业务，合计网上零售额增长43.7%；一些传统制造业也开始开展体验式线上线下销售服务；传统企业通过C2B、O2O等服务模式搭建生活性服务业综合服务平台；中粮"我买网"、"京东到家"等依托供应链资源优势，推广优质生鲜品配送服务，满足居民品质消费需求。2016年，北京市网上零售规模以上企业共有381家，新

北京商务发展报告(2017)

增12家网上零售额一亿元以上企业,百亿元、十亿元和一亿元以上的企业分别达到4家、12家和45家,同时新建林德、聚优澳品、一指遥等15家跨境电商建立O2O直购体验店,退税商店超过500家。

政策方面,市商务委相关部门出台网络零售和网络批发支持政策,鼓励电子商务健康快速发展,支持电子商务线上线下示范项目、跨境电商直购体验店建设;落实提高生活性服务业品质行动计划,加大对互联网+生活性服务业、社区O2O示范店等民生项目支持力度。牵头制定《推进跨境电子商务创新发展实施意见》,会同北京海关、北京国检局制定《跨境电子商务监管工作关检合作方案》,认定6家中国(北京)跨境电子商务产业园,培育全市跨境电商聚集发展格局。

(四)绿色消费理念得到推广

通过鼓励引导企业生产绿色产品和有机食品,发展绿色供给;通过实施促进节能减排家电消费政策,促进绿色消费。

2016年,物美、京客隆、永辉等14家超市农超对接果蔬农产品直采规模达到32万吨,同比增幅超过15%,超市经营生鲜农产品精细化、品牌化、特色化特点更加突出。支持电商平台与承德一三六农庄、天津武清绿翅集团等近20家涉农企业对接,探索产销直供流通模式。同时,北京市引导农产品流通企业在津冀建设生产基地。成立京津冀物流标准化联盟,北京市36家企业成为物流标准化试点企业;北京市连锁商贸企业在津冀新开门店52家。推进"环首都1小时鲜活农产品流通圈"布局规划。

倡导绿色消费理念,推动节能环保产品供给。北京自2015年11月起,在全市范围内实施三年的节能减排政策,确定26家定点销售企业,涵盖6家电子商务企业和20家实体店,鼓励消费者购买使用节能减排商品,享受8%-20%的资金补贴。政策实施以来,节能产品销量增加53%,非节能产品销售下降31%,2016年全年政策定点销售企业销售的节能商品可实现节电1.49亿度,折合标煤2.98万吨。节能减排政策促进了生产企业产业结构调整,为绿色低碳产业发展提供动力。2016年,北京市扩充节能减排商品范围至12类,节能商品累计销售额79.5亿元,新能源汽车类商品零售额增长2.7倍。

（五）新型消费供给发展迅速

2016年，北京的体育、娱乐用品类商品零售额同比增21.1%，家电类商品同比增长19.4%（主要受节能减排政策带动），新能源汽车类商品零售额同比增长2.7倍，满足高品质需求的消费快速增长。

生活服务业方面，为了促进新型消费的供给，北京在教育、医疗、文化、旅游、养老、体育等领域引入社会资本，培育新增长点。

生产服务业方面，出台并实施《进一步优化提升生产性服务业加快构建高精尖经济结构的意见》，促进北京生产性服务业发展，形成高端引领、创新驱动、融合发展的态势，形成产业集聚，区域协同、对外对内同时开放的发展格局。

（六）对外开放全面催生服务业发展

北京市通过服务业扩大开放综合试点，放宽市场准入，有效催生了与首都功能定位相契合的服务业高端供给，推动服务业业态创新，国内首家外资控股的飞机维修合资公司、首家外资银行卡清算机构等10项新业态为供给侧结构性改革开拓了新路径。

对外贸易中，服务贸易发展迅速，进出口总额排名全国第二。其中，对外文化贸易增长9.5%，北京市获国家商务部等5部门共同认定国家文化出口重点企业70家、重点项目37个，数量均居全国第一。

二、商务领域供给侧结构性改革存在的问题

（一）生活性服务业设施建设有待加强完善

北京的消费市场规模大，结构升级快，但是与习近平总书记提出的提高生活品质的要求还有差距，部分生活性服务业设施的建设还不能满足群众生活所需，需要进一步加快发展步伐。2016年，中国连锁经营协会发布的城市便利店发展数据显示，每百万人拥有便利店数量，北京139家、上海289家、深圳386家、日本455家，北京与国内外大城市的数量差距比较明显，北京消费市场的连锁化规模和质量有待提高。

（二）非首都功能疏解任重道远

虽然北京的非首都功能疏解取得了一定成效，但目前仍面临着巨大挑战。一些结构性矛盾日益凸现，产业结构内部不尽合理，资源能源利用效率仍需要进一步提升。需要通过疏解非首都功能，对城市空间结构、产业结构、要素结构、人口布局结构等进行合理调整，减少低端供给，消除无效供给，提供更多的优质公共服务，促进空间分布均衡，促进北京经济发展方式的根本转变。

（三）构建"高精尖"经济结构面临挑战

北京正在逐步构建新的"高精尖"经济结构。根据北京市统计局资料，2015年北京规模以上的企业中，"高精尖"企业共有2000多家，主要集中在信息传输、软件和信息服务业、制造业、科学研究和技术服务业、租赁和商务服务业、金融业等5个行业中，各行业"高精尖"企业数量均在200家以上。

但由于许多企业是新建企业，营业利润波动较大，盈利能力有限。其中一些需要大量研发和前期投入的产品和行业，短期之内不会有明显收益，对北京经济增长贡献有限。

因此，既要保证"高精尖"经济结构的持续转化，又要保证一定的经济增长速度，是商务领域供给侧改革面临的一个重大挑战。

（四）短板补齐有待完善

在北京经济发展过程中，还有一些短板项目需要补齐和进一步完善，才能实现服务业供给的数量和质量的提升。服务贸易中，北京的服务贸易存在巨额逆差，国内企业无法提供北京经济发展所需的高端服务，如金融服务、商务服务等，只能从国外进口；货物贸易中，需要实现对"北京品牌"的大力培养，提高当地品牌的国际化知名度，需要增加科技含量较高的产品出口；生活服务业，在满足基本便民服务需求的基础上，与居民生活息息相关的生活性服务业品质亟待提升；北京在高端教育、养老和健康等行业都存在着巨大的缺口，文化和体育等生活性服务业需要得到大力发展……北京供给侧补短板的任务"任重而道远"。

三、推进商务领域供给侧结构性改革的发展对策

"十三五"时期，北京商务发展主要预期目标是：2020年，市场消费总规模达到2.7万亿元左右，年均增长8%左右，其中社会消费品零售总额年均增长6.5%，服务消费年均增长9.5%左右；国际贸易总规模力争达到6000亿美元，其中货物贸易达到4000亿美元，服务贸易保持平稳增长；国际双向投资总规模力争5年累计达到1000亿美元，其中实际利用外资达到500亿美元，境外直接投资达到500亿美元。商务领域供给侧改革的深化发展要和这些发展目标密切结合，要为发展目标的实现做出贡献。

（一）利用京津冀协同发展促进供给侧结构性改革

商务领域供给侧结构性改革中，要把自身改革和非首都功能疏解、京津冀协同发展战略联系在一起。一方面将不符合首都战略定位的产业疏解到其他地区；另一方面积极引进、促进新兴产业的发展，寻找北京新的经济增长点，提高供给侧产品和服务的质量及效率，促进消费，提升城市生活品质。京津冀的协同发展，并不意味着天津和河北只承担非首都功能疏解，而是三地协调产业关联，共同进步发展，因此，北京商务领域供给侧结构性改革中，还要关注供给侧结构性改革对天津与河北经济发展的带动作用。

例如，在农副产品供应方面和生活必需品供应方面，北京商业企业可以充分利用在津冀的蔬菜、肉蛋等农副产品生产基地，共建冷链物流设施，在北京周边建立大型现代化仓储物流中心完善供应物流网络。实施京津冀产销直通工程，启动环京津1小时鲜活农产品流通圈示范项目建设，满足三地的生活需求，建设完善的物流体系，促进天津和河北绿色农业的发展。

（二）发展新兴产业和业态，构建"高精尖"经济结构

商务领域供给侧结构性改革中，面对一些得不到满足的新型需求，要不断改革创新，发展新兴产业和新兴业态，补齐短板。利用先进技术不断提升产品品质和服务，改善产品质量，满足高端需求；利用新兴科技手段不断创新供给提供方式，如"互联网+"在商品销售领域的应用、共享经济的发展、电子商务的发展等，为促进消费提供极大便利，同时也促进传统产业的转型升级。

北京商务发展报告(2017)

随着人民生活条件的不断改善，一些新型产业，如教育、养老、医疗、文化产品等产品和服务的供给缺口不断加大。为了尽快满足市场需求，需要不断减少行政阻碍，降低准入门槛，广泛吸引投资和专业技术人士，促进新型产业的发展，引导企业更好地为提升城市发展品质和满足群众需求服务，为北京经济增长创造新的增长点。

尽快构建"高精尖"经济结构，吸引可以提供高端服务业的企业入驻，改善目前高端服务只能依靠进口的现状，促进北京市整体产业结构的转型升级。充分发挥北京高级人力资源和科技资源集聚的优势，鼓励创新，努力建设具有全球影响力的科技创新中心，落实和完善支持企业创新各项政策，发挥好市场在资源配置中的决定性作用，创建良好机制培养人才留住人才，利用创新驱动发展战略推进供给侧结构性改革。

(三)转变政府管理方式，建设良好发展环境

1. 继续转变政府管理方式

在政府政策推动下的供给侧结构性改革，对政府的管理工作提出了新的要求。因此，政府要继续做好"放管服"工作。

第一，继续放宽市场准入，增加高端供给。采取措施取消或降低行业准入限制，国有资本、外国资本和民营资本具有同等权力和资格进入相关领域，充分利用国内外的资本和技术，不断增加高端供给；

第二，提高管理效率，优化经营环境。继续简化行政管理措施，取消不必要的行政审批事项，提高管理效率，优化经营环境，鼓励企业创新，提供必要的支持和保障。推进公共服务类建设项目投资审批改革试点，推行"五证合一"等措施，提高办事效率。

2. 建设良好发展环境

新兴产业的发展，需要更多优质生产要素服务企业发展。高端服务经济的发展需要优势生产环境和生产要素，例如新型网络平台，高效通信网络，优质人力资源等，因此，政府要不断更新其基础设施建设，提供更多优质要素，激发社会的人才与知识的供给服务，为新型企业和新型业态的发展提供服务。北京智慧城市的建设与移动互联网基础设施的建设，都会为新型经济业态打下坚实的基础。

加大物流业基础设施建设，以服务城乡建设和市民生活需求为重点，稳步推进城市共同配送网络建设，积极优化城市物流末端配送网点布局，着力解决社区"最后一公里"配送难问题。推进秀水街等有形商品市场的转型升级，提升市场专业化水平和综合功能，带动产业集群发展。

（四）提高生活性服务业品质，不断增强首都人民获得感

生活服务业发展与首都人民生活和消费息息相关，提高生活性服务业产品和服务的供给数量，供给质量，不断丰富发展生活服务业新产品和新服务，才能不断提高消费者的生活品质，也为生产者创造了可持续的效益。

1. 提高连锁业发展水平

继续促进连锁业快速发展，深入贯彻和推进《关于进一步促进连锁经营发展的意见》的实施，加强对连锁企业各分类行业新开店铺、新建或改造标准化配送中心的支持，引导推动多种连锁方式的应用，帮助企业解决实际困难。

增加居民生活服务设施投入，优化社区商业网点、公共服务设施的规划布局和业态配置，引导完善高效优质连锁便利店和社区商业便民服务综合体建设。建设集社区菜市场、便利店、快餐店、配送站、健康、养老、看护等大众化服务网点于一体的社区综合服务中心。

建立健全生活性服务业品牌连锁企业资源库，培育各类品牌连锁企业。支持外资零售店铺建设，积极引进国外名品，提高品牌丰富度，建立动态监管评价机制。建立生活性服务业发展基金，资助高端生活服务业项目发展。

2. 利用科技创新发展新型业态

积极推进"互联网+"、云计算、大数据、智能交通等新技术，将新技术与传统服务业有效结合，开创新型服务，促进线上线下融合，推动社区电子商务发展，鼓励社区商业实体企业与电子商务平台融合发展，实现在线交易、线下配送等精准化服务，提升市民消费体验。发展共享经济，培育新兴业态，网络移动支付等新型业态，开创新型服务。

加快教育文化、娱乐设计、健康医疗生活类服务市场的发展规模，丰富产业内涵，培育社会新兴支柱的服务业产业。坚持将商务发展与城市战略定位相适应，坚持以提高质量效益为中心，促进产业高端化、要素集约化，激发商务发展新活力。

3. 发展高端服务业

鼓励商业式创新，引导大型零售企业向综合服务商转型，做强做大本土零售商，打造"北京品牌"；降低准入门槛，引导国内外资本进入北京高端商务服务业，促进国内外企业公平竞争。

大力发展电子商务，培育一批电商龙头企业，在北京形成电商产业集群。鼓励跨境电子商务创新发展。发展保税商品展览展示，设立跨境直购体验店，引导境外消费回流。引导会展业国际化、规模化、品牌化发展。

鼓励绿色消费，继续挖掘新的增长点，培育壮大文化体育、旅游休闲、养老健康等新型消费。

发展现代物流业，引导传统流通企业加快信息化改造，与电子商务企业的商流、资金流、信息流融合。鼓励创新，推进信息和设施的共享共用，提高物流效率，降低流通成本。

（五）利用对外开放促进供给侧结构性改革

充分利用改革开放政策和服务业扩大开放试点方案，稳步扩大试点范围，推进服务业有序开放，推动体制机制创新和配套支撑体系建设，实现更高层次、更高水平的开放发展。破除行业垄断，吸引更多外资进入，吸引创新资源和科技资源进入，丰富国内市场供给，满足消费者需求，带来先进技术和管理经验，也带来竞争和合作，促进中国服务业的改革与发展，提高生产要素质量和供给侧产品和服务的质量。

逐步推进教育文化、金融、医疗、商贸物流、电子商务等服务业领域有序开放，逐步消除外资服务业的进入壁垒，鼓励外商进入新兴服务业。简化行政监管手续，加大市场化改革力度，加强事中和事后监管，营造国际化、法制化、现代化的营商环境。

提高利用外资质量，利用引进外资和进口贸易获得国内目前无法得到的资源和技术，实现"补短板"。鉴于我国产业大而不强，无法掌握核心技术和关键零部件，高端服务业缺失的现状，短期内，通过多样化的中间品和高端服务的进口和引进，提高生产效率、增加产品种类和促进技术进步，提高企业国际竞争力。

鼓励货物贸易、服务贸易、对外投资、对外承包工程、劳务输出的融合发展，引导企业在海外建立加工组装、境外分销体系，推动对外承包工程向项目融资、设计咨询等领域深入拓展，提升贸易附加值，提升企业国际竞争力。

另一方面，借助"一带一路"倡议，拓展主要沿线国家的国际需求，深化国际产能合作，输出北京具有比较优势的产能。利用外资逆向溢出效应提升产业国际竞争力，进行全球资源优化配置。

　　加强北京优秀商务服务品牌建设，鼓励本土企业"走出去"，利用自身优势提供对外投资、融资管理、工程建设等高端咨询和管理服务。推进商务服务领域对社会资本开放，鼓励外资投向节能环保、创业投资、知识产权服务等商务服务业领域。